创新创业教育核心课程活页式教材

中小企业商业模式设计

高泽金◎主　编

张利科　佘有缘　尹慧玲◎副主编

中国铁道出版社有限公司
CHINA RAILWAY PUBLISHING HOUSE CO., LTD.

内 容 简 介

本书是依据建构主义学习理论，基于真实场景、真实任务，采用协作学习、翻转课堂教学模式的一门课程，课程在已形成团队、确定创业项目的基础上，依托创业团队开展价值主张、关键业务、客户细分与客户关系、渠道通路、核心资源与重要伙伴、成本构成与收入来源、商业模式画布的应用、成果与分享等典型工作任务，使得学生能够对商业模式及商业模式设计有基于实践的深刻认知，并能够运用商业模式画布等工具分析自己团队和知名企业的商业模式，完整地走完商业模式的认知与设计的流程。

本书适合作为普通高等院校双创教育的教材，也适合广大创业者在设计商业模式时参考。

图书在版编目（CIP）数据

中小企业商业模式设计 / 高泽金主编 . —北京：中国铁道出版社有限公司，2021. 11（2022.8 重印）
创新创业教育核心课程活页式教材
ISBN 978-7-113-28445-9

Ⅰ. ①中… Ⅱ. ①高… Ⅲ. ①中小企业-商业模式-教材 Ⅳ. ①F276. 3

中国版本图书馆 CIP 数据核字（2021）第 203835 号

书　　名：中小企业商业模式设计
作　　者：高泽金

策　　划：潘星泉　　　　**编辑部电话：**（010）51873090
责任编辑：潘星泉　包　宁
封面设计：尚明龙
责任校对：焦桂荣
责任印制：樊启鹏

出版发行：中国铁道出版社有限公司（100054，北京市西城区右安门西街 8 号）
网　　址：http://www.tdpress.com/51eds/
印　　刷：中煤（北京）印务有限公司
版　　次：2021 年 11 月第 1 版　2022 年 8 月第 2 次印刷
开　　本：710 mm×1 000 mm 1/16　**印张：**6.75　**字数：**132 千
书　　号：ISBN 978-7-113-28445-9
定　　价：35.00 元

前　言

商业模式设计是让创业者经常感到十分晦涩的话题，也是创业教育中的关键环节之一。在学术界、高校圈、创业者群体中，商业模式从来都没有一个统一而清晰的定义。在这种环境下，将商业模式设计作为一个不那么容易讲清楚的话题开发成课程、写出教材，而且是以活页式、工作手册式呈现出教材的形态，这对我们来说十分不容易。

在本书中，我们依据建构主义学习理论，基于学习者参与设计的创业场景、创业场景中真实的任务，以及协作学习、翻转课堂的教学模式，依托创业团队开展价值主张、关键业务、客户细分与客户关系、渠道通路、核心资源与重要伙伴、成本构成与收入来源、商业模式画布的应用、成果与分享等典型工作任务，使得同学们能够对商业模式及商业模式设计有基于实践的深刻认知，并能够运用商业模式画布等工具分析自己团队和知名企业的商业模式。

本书不侧重于讲知识、讲理论，而是要学生以独自或协作的方式凝练出知识点，总结出概念和理论。我们的核心目标是所有的知识、能力、素质都要内化。因此我们期待的教育过程不是讲授，而是引导、陪伴、动手、实践。这也是武汉软件工程职业学院在多年“专创融合”实践中形成的一套新型的教学模式：学生在通过科学、规范构建的真实创业场景中学习专业知识、拓展通识能力，而不是按部就班地在课堂里听完传统的课程。这种教学模式中的教与学、教师与学生的关系，就是引导、陪伴、帮助的关系。

“中小企业商业模式设计”既可作为中小企业创业与经营专业的核

心课程，也可作为创业教育、创业培训、创业辅导和企业咨询的方法论和工具箱。我们计划开发25门类似的课程，这25门课程串在一起，构成了创业项目生成和早期运营的全过程，实现了企业从零到壹的跨越。为了这一目标的实现，我们先后进行了长达6年的学习、研究和实践。

开发这25门课程的核心团队成员包括高泽金、张利科、佘有缘、尹慧玲，同时还有大量的外援团。所有人都有丰富的教育经验、实践经验和非常纯粹的教育初心。

本书由高泽金任主编，张利科、佘有缘、尹慧玲任副主编。主要执笔人为高泽金，张利科、佘有缘对本书所介绍的工具开发、实践流程进行了长期的应用研究，这些工作相得益彰、缺一不可。尹慧玲在教育和引导学生中创建了许多辅助性的工具，这些工具虽然没有呈现在教材中，但对这种教育模式的推进和实施十分重要。

本书的出版，得益于武汉软件工程职业学院长久以来对创业教育的重视，得益于学院所构建的宽容的教育改革环境，得益于教务处、人文学院等相关部门的支持和配合。

我们虽然对这种教育模式充满信心，但教材内容难免存在不足之处，真诚期盼广大读者批评指正。您可以发送邮件到8643223@qq.com，也可关注“大学双创”公众号，留下您的宝贵意见。

编　者

2021年8月于武汉

目　　录

引　　言

“中小企业商业模式设计”是中小企业创业与经营专业的核心课程，同时可以作为创业教育、创业培训、创业辅导和企业咨询的方法论和工具集。在中小企业创业与经营专业的课程体系中，“中小企业商业模式设计”是在创业项目生成、创业团队组建以后，基于团队协作、通过细致分析企业的价值主张及实现价值主张所需的各类条件基础上，对企业运行机制进行的系统设计。

一、课程的基本理念

“中小企业商业模式设计”是依据建构主义学习理论，基于真实场景、真实任务，采用协作学习、翻转课堂教学模式的一门课程，课程在已经形成团队、确定创业项目的基础上，依托创业团队开展价值主张、关键业务、客户细分与客户关系、渠道通路、核心资源与重要伙伴、成本构成与收入来源、商业模式画布的应用、成果与分享等典型工作任务，使得读者能够对商业模式及商业模式设计有基于实践的深刻认知，并能够运用商业模式画布等工具分析自己团队和知名企业的商业模式。

（一）建构主义

“中小企业商业模式设计”的基本理念是建构主义学习理论。建构主义认为，知识不是通过教师传授得到，而是学习者在一定的情境即社会文化背景下，借助其他人（包括教师和学习伙伴）的帮助，利用必要的学习资料，通过意义建构的方式而获得。因此建构主义学习理论认为“情境”“协作”“会话”“意义建构”是学习环境中的四大要素或四大属性。图0-1所示为建构主义的教育流程。

1. 情境

学习环境中的情境必须有利于学生对所学内容的意义建构。这就对教学设计提出了新的要求，也就是说，在建构主义学习环境下，教学设计不仅要考虑教学目标分析，还要考虑有利于学生建构意义的情境的创设问题，并把情境创设看作教学设计的重要内容之一。

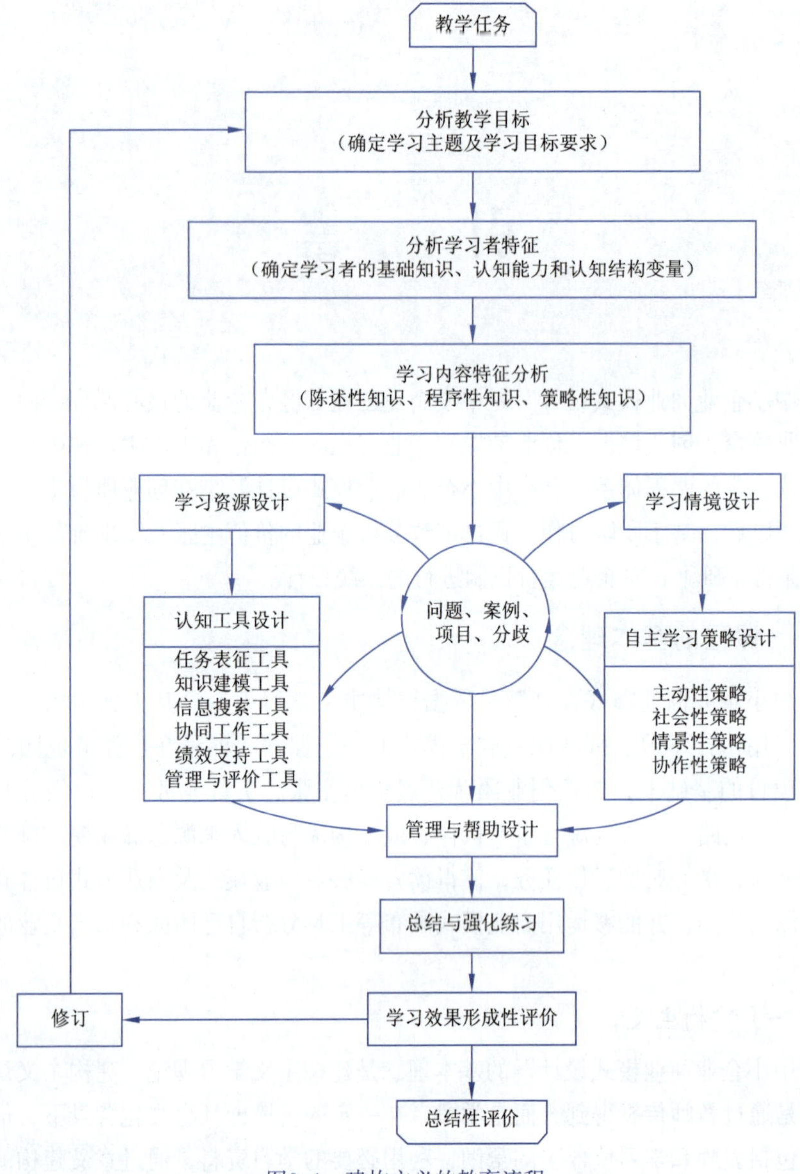

图0-1　建构主义的教育流程

2．协作

协作发生在学习过程的始终。协作对学习资料的搜集与分析、假设的提出与验证、学习成果的评价直至意义的最终建构均有重要作用。

3．会话

会话是协作过程中不可缺少的环节。学习小组成员之间必须通过会话商讨如何完成规定的学习任务的计划；此外，协作学习过程也是会话过程，在此过程中，每个学习者的思维成果（智慧）为整个学习群体所共享，因此会话是达到意义建构的重要手段之一。

4．意义建构

意义建构是整个学习过程的最终目标。所要建构的意义是指：事物的性质、规律以及事物之间的内在联系。在学习过程中帮助学生建构意义就是要帮助学生较为深刻地理解当前学习内容所反映的事物的性质、规律以及该事物与其他事物之间的内在联系。由以上所述的学习的含义可知，学习的质量是学习者建构意义能力的函数，而不是学习者重现教师思维过程能力的函数。换句话说，获得知识的多少取决于学习者根据自身经验去建构有关知识的意义的能力，而不取决于学习者记忆和背诵教师讲授内容的能力。

（二）真实场景

“中小企业商业模式设计”强调基于真实的市场环境，如图0-2所示。在先导课程的行业痛点分析创业机会、识别创业机会的基础上，形成真实运营的创业项目。商业模式设计首先是对这个真实项目的商业模式展开分析和设计，并通过学习和分析大量知名的成功或失败的企业案例，让学生建构起自己对商业模式的理解，掌握商业模式设计的工具和方法。

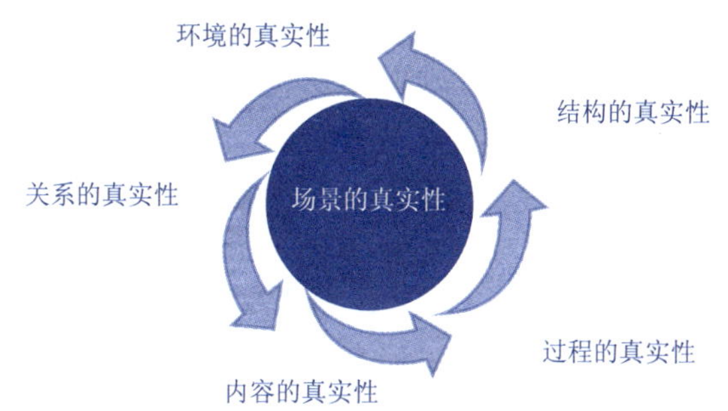

图0-2　真实场景的价值体现

教育场景的真实性具体体现为环境的真实性、关系的真实性、内容的真实性、过程的真实性和结果的真实性。环境的真实性强调在创设教学场景时不能想当然，要通过充分的行业需求调研，尊重企业和岗位对人才的真实需求。我们在过去寄予厚望的实验、实习、实训条件的建设能够构建出教学中与实际环境比较接近的场景，但事实上有些学校斥巨资建设的实训场地，可能仅仅是为了参加各种“专业赛事”“技能大赛”。赛事固然对促进人才培养有帮助，但太看重赛事对于人才培养的显性价值，容易将人才培养改革带入歧路。实验、实习、实训条件如果不能尊重真实世界、真实工作场景的规律和需求，就无法实现人才培养的目标。

关系的真实性、内容的真实性、过程的真实性和结果的真实性也分别从不同的侧面就环境的真实性进行了诠释，它要求所有参与者能够最大限度地承担相应的社会、经营、管理角色，所做任务以及任务的实质都符合真实的工作、研究或创业的需要。使学习过程和真实生活中的过程一致，像师傅带徒弟、专家带新手那样一步一步地把学生培养出来，例如，大学生参与教师科研项目的方法，就是一种过程真实的方法。

真实场景的植入，将有效化解课程知识碎片化、课程间的不连续、课程与岗位的分割、专业与行业的鸿沟、教育与市场的鸿沟等一系列问题。

真实场景不仅在“中小企业商业模式设计”的课程教学中得到充分体现，也将在其他各类课程中得到体现。

（三）翻转课堂

依据学习金字塔模型，在教学关系中，学生的主动性越强，教育的效果就越好，这是翻转课堂的必要性体现。

依据课程标准，在教师的引导下，课程任务完全由团队协作来完成。这是一种典型的“翻转课堂”的教学模式，也是“以人为本”“以学习者为中心”的培养模式，契合人的基本认知规律的特点。“翻转课堂”尊重学生成长的主体性，重视学习能力的培养，摒弃传统教育中的形式主义倾向，理应成为人才培养的基本工具和方法。在“中小企业商业模式设计”的课程教学中，翻转课堂将成为基本的培养方式，如图0–3所示。

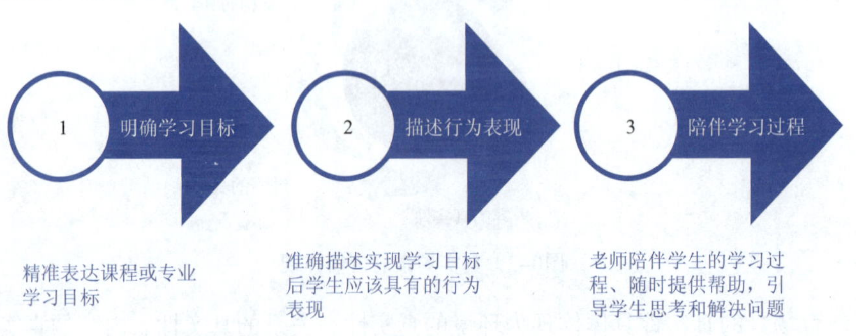

图0–3　“中小企业商业模式设计”翻转课堂示意

（四）因材施教

因材施教是教育的核心理想之一。以本课程为代表的专业特色课程尊重每一位读者的独特个性和生涯规划，试图构建因材施教的教学环境。教学过程就是要求读者在基于小组、团队的总体任务目标的前提下，完成一个又一个具体的任务。完成这些任务需要分工协作。这种分工是在具体专业培养目标的基础上，融入场景，依托项目的分工，是一种典型的“因材施教”的专业教育，如图0–4所示。

二、课程的培养思路

（一）课程设计的基本思路

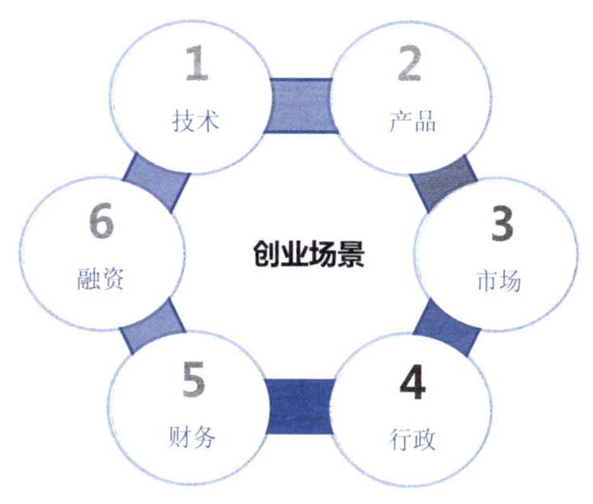

图0-4 基于团队分工“因材施教”目标的实现

“中小企业商业模式设计”课程基于真实环境的真实需求，通过痛点分析发现商机，用一系列标准的工具帮助团队寻找适合自己创业和运营的创业项目，并将该项目作为整个学习过程中所有专业课程教学和考核的依托。

在项目生成之后，团队需要开展商业模式设计，并学着运营好自己的企业。学习者应该阅读3本以上与“商业模式设计”有关的经典读物。其中一本为课程标准指定的《商业模式全史》（三谷宏治著，马云雷、杜君林，译，江苏凤凰文艺出版社，2016年），另外两本书须经教师确认。学习者需要用思维导图梳理所读著作的逻辑，每本书提交不低于5条、不少于500字的心得。通过阅读，学习者可以构建起自己的知识体系。

在接下来的认知环节中，学习者以团队为基础，在教师的引导下分析和确定自己团队项目的价值主张、细分客户、渠道通路、关键业务、核心资源、客户关系、重要合作、成本构成、收益来源等核心要素。以上要素，恰是“商业模式画布”的核心环节，如图0-5所示。

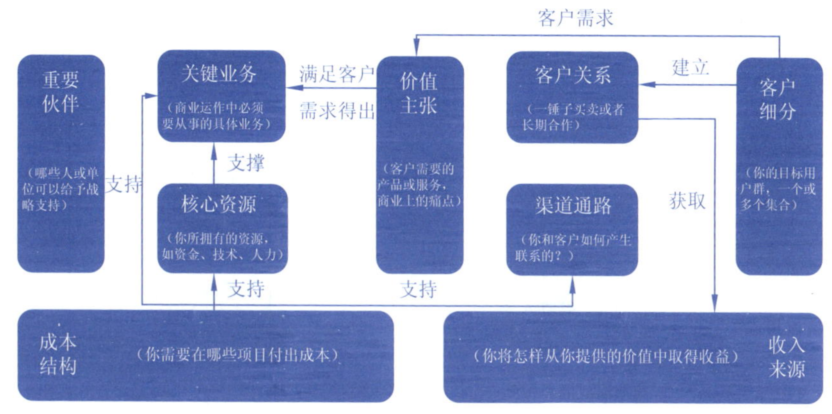

图0-5 商业模式画布的核心环节

理解了这些要素，掌握了相应的方法论，也就理解和掌握了商业模式设计有关的知识和素质。

（二）课程培养的基本环节

“中小企业创业与经营”课程的考核思路是“变结果性考核为形成性考核、变考试型考核为观测型考核”。从作品、团队、产权、行为、分享、战略、交易、服务、成长等多个维度进行观测，教师在确认团队成员的行为表现达到了课程教学目标时，即可以对其进行赋分；在不能确认团队成员的行为表现达到了课程教学目标时，要引导团队及团队成员表现出相应的行为。

“中小企业商业模式设计”课程的观测维度如下。

<table>
<tr><th>序号</th><th>观测维度及权重</th><th>考 核 标 准</th><th>团队赋分依据</th><th>个人赋分依据</th></tr>
<tr><td>1</td><td>阅读（10%）</td><td>阅读包括《商业模式全史》（三谷宏治 著，马云雷、杜君林，译，江苏凤凰文艺出版社，2016年）在内的、商业模式类的三本经典图书，并用思维导图梳理逻辑，每本书提交不低于5条、不少于500字的心得。另外两本书须经教师确认</td><td>团队所有人都提交了高质量的、3本书的思维导图和阅读心得，团队满分</td><td rowspan="9">团队根据成员的努力和表现自行决定分级。每一级之间可以列级差5～10分</td></tr>
<tr><td>2</td><td>价值主张（10%）</td><td>学会价值主张画布，并用头脑风暴的方式尽量多地（不低于20条）总结公司的价值主张，并最终确定1条最核心的价值主张，用利于传播的方式表达出来</td><td>20条价值主张、1个利于传播的最终价值主张为满分</td></tr>
<tr><td>3</td><td>关键业务（10%）</td><td>要实现公司的价值主张需要提供哪些关键产品或服务，需要做哪些关键性的事情才能使得产品和服务能够正常运行</td><td>教师确定赋分方式</td></tr>
<tr><td>4</td><td>客户细分与客户关系（10%）</td><td>精准定位客户，为客户贴5个以上合适的标签。团队探讨通过什么方式或机制可以保证产品服务和用户拥有长期的利益关系</td><td>5个合适的标签、5种营销方案为满分</td></tr>
<tr><td>5</td><td>渠道通路（10%）</td><td>用头脑风暴思考可能采用的销售渠道，分析每一个渠道建立的可能性及控制力，确定最重要的2个渠道</td><td>2个最重要的渠道并说明选择依据为满分</td></tr>
<tr><td>6</td><td>核心资源与重要伙伴（10%）</td><td>团队拥有保证商业行为的执行和落实的核心资源有哪些？与哪些上下游重要企业有合作？还需要哪些资源、哪些伙伴？如何获取这些资源和伙伴</td><td>教师确定赋分方式</td></tr>
<tr><td>7</td><td>成本构成与收入来源（20%）</td><td>在所有的商业运作过程中都包含哪些成本消耗？我们的主要收入来源是什么</td><td>教师确定赋分标准</td></tr>
<tr><td>8</td><td>商业模式画布的应用（10%）</td><td>用商业模式画布分析3个以上的知名企业</td><td>3个以上的分析案例及分享为满分</td></tr>
<tr><td>9</td><td>成果与分享（10%）</td><td>2次以上线下集体分享，分享内容应该在喜马拉雅、抖音、微信公众号、小红书等至少2种以上自媒体中展示。个人应该有10次以上的社群分享中涉及该课程内容</td><td></td></tr>
</table>

课程的考核，可以在考核学期中的任何时间进行。只要完成了所有考核任务，

都可以记为该课程的最终得分。按照教务部门的要求统一录分。

三、教材的使用

在假定以上观测维度科学的基础上，本教材的主要目的在于引导读者完整地走完商业模式的认知与设计的流程，在教师的引导下，在以上维度中留下思考、探讨、实践、总结的记录。

1. 阅读

阅读的目的在于实现知识目标的培养。知识目标的实现，应该依托于大量的阅读、分享、实践。阅读不能受制于教材的约束，而要习读经典。因此，我们建议“中小企业商业模式设计”这门课程的选学者要至少阅读3本该领域的经典著作。

在著作的选择上，建议为同学们保留选择书籍的权力。在选择和确定阅读对象的过程中，学生的检索、选择，教师的肯定，都是难得的学习方式。因此，建议的选择方案是：教师指定1本、学生选择并经教师认可2本。本书建议阅读的书籍是《商业模式全史》（三谷宏治著，马云雷、杜君林，译，江苏凤凰文艺出版社，2016年）。

三谷宏治是日本金泽工业大学虎之门研究生学院教授，早稻田大学商务学院客座教授。他曾先后就职于波士顿咨询公司和埃森哲公司。2003年至2006年期间，任埃森哲战略团队的总负责人。他同时致力于面向在校学生以及教师家长的教育活动。此外，他还担任了永平寺家乡大使、非营利组织“放学后儿童辅导协会”及3keys理事等多项社会职务。其主要著述有《传达力》《超能思考力》《图解思考方法》等。其中《经营战略全史》一书于2013年被《哈佛商业评论》评为最佳经管类图书，2014年荣获日本商业图书大奖。

对阅读行为的具体要求是，要用思维导图梳理每一本书的逻辑，为每本书提交不低于5条、不少于500字的心得，并分享给所有同学。

2. 价值主张

价值主张回答的问题是，企业为用户和客户提供什么产品和服务以及价值，帮助用户解决什么根本性问题？这是设计企业商业模式的起点，也是整个商业模式的核心。

价值主张与我们在“创业机会识别与评估”中提到的“用户痛点”密切相关。创业机会来自行业痛点，识别创业机会的逻辑在于找到合适的行业痛点。反之，对一个创业项目的价值判断，也在于该项目是否准确找到了行业痛点。一个企业的价值主张，正是来源于很好地解决了这一痛点。

3. 关键业务

关键业务描绘了确保商业模式可行，企业必须做的最重要的事情。任何商业模式都需要多种关键业务活动，这些业务是企业得以成功运营所必须实施的最重要的工作。关键业务是创造和提供价值主张、接触市场和维系客户关系并获取收益的基础，而关键业务也会因为商业模式的不同而有所区别。例如，对于微软的软件制造商而言，其关键业务包括软件开发；对于戴尔等计算机制造商来说，其关键业务包括供应链管理。对于麦肯锡咨询企业而言，其关键业务包括问题求解。

在这一部分，我们用一个简单的关键业务画布，来提示学习者分别分析自己的价值主张、渠道通路、客户关系、收入来源等领域分别需要哪些关键业务。

4. 客户细分与客户关系

为了行文的方便，我们将客户细分与客户关系合并在一个模块中。由于二者之间存在密切的关系，也利于读者在非碎片化的情境中学习商业模式的设计。

客户细分是商业模式的核心之一，描述的是创业企业究竟想要接触和服务什么样的特定人群或组织。客户关系的价值在于获取客户、维系客户以及提升销售额。因此，为了深入理解客户关系，学习者须描绘出：为提供更好的服务，团队须与客户建立并保持何种关系、哪些关系已经建立了、维系这些关系的成本如何？在未来应用更加熟练时，应明白客户关系与商业模式的其他模块之间的关系、整合的方案等。

5. 渠道通路

渠道是使得自己的产品或服务与细分客户发生关系的通道。在本书中，渠道要解决的问题是通过什么方式和途径将产品和服务触达用户，并使得用户能够为之买单？在学习渠道通路时，大致可以用渠道画布展开头脑风暴，并通过多次的取舍，寻找合适的答案。

6. 核心资源与重要伙伴

（1）核心资源。在商业模式中，核心资源作为决定实现价值主张效率的关键所在，可将核心资源分为四大类，分别为实物资源、知识性资源、人力资源和金融资源。因此，团队需要确定自己拥有的能保证商业行为的可执行和落实的核心资源有哪些。

（2）重要伙伴。好的合作伙伴可以极大地助力创业成功。因此，具不具备以及能不能对重要合作伙伴形成影响力、彼此间能不能形成良好的合作关系，都是商业模式的重要组成部分。这里的合作伙伴不是指创业合伙人，而是与企业对等的业务合作方。

一般认为，企业重要的合作伙伴包括5种类型：供应链上下游主体、非竞争关系的联盟者、跨行业同定位的联盟者、开发新业务需要形成的联盟者以及同行业竞争对手中的合作者。在这一部分，需要读者重点分析，谁是自己的重要伙伴。

7. 成本构成与收入来源

（1）成本构成。企业运营必然要产生各项支出，如厂房、设备、材料、人工、办公经费、营销费用等。对成本结构的准确认知和对不同阶段的成本预估，是开展企业运营的基础。

企业成本的认知可以有多种不同的方式：按照经济学的方法分为固定成本、可变成本；根据投资预算的需要分为固定投入、流动资金；按照财务管理的方法分为直接成本、管理费用、营销费用、财务费用等。在本书中，根据初创者的实际需要，建议读者按照投资概算和财务管理两种方案去认知和分析，两种方案计算的结果都对起步阶段的创业者十分有价值。前者可以简单地理解为投资预算，后者可以简单地理解为运营成本。

（2）收入来源。创业的触发点是因为发现了社会痛点，创业者可以通过解决社会痛点获得市场的回报。获得回报是创业者的核心动机，这个回报就是收入。合理地分析收入结构，既是完善商业模式的重要内容，也是进行项目可行性分析的关键。

8. 商业模式画布的应用

本书各教学模块，核心是商业模式画布的九大模块。与一般教材不同的是，我们先请读者基于自主和协作的方式，在教师的指导下就商业模式画布的九大模块进行实践认知，再来统一学习商业模式画布（见图0–6）。学习的核心是要求每一位同学用商业模式画布分析3个以上的知名企业。

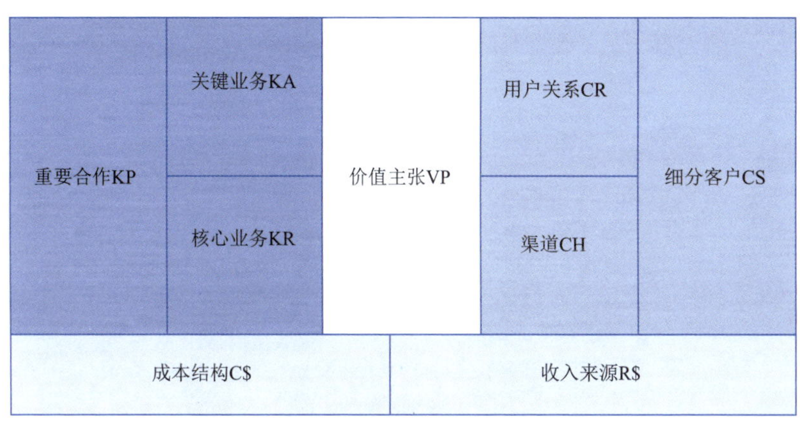

图0–6 商业模式画布

9. 成果与分享

分享是非常重要的学习方式。在各类教育理论和教育实践中，都十分强调分享的重要价值。分享能够梳理、内化知识，以知识的输出引导知识的输入，能够有效增强学习效果。

在商业模式设计这门课程中，我们设计了不低于2次的线下集体分享，分享内容同时制作成媒体内容，在喜马拉雅、抖音、微信公众号、小红书等至少2种以上自媒体中展示。同时要求个人应该有10次以上的社群分享，并建议在自媒体账号中进行展示。

模块一 阅　　读

任务一　了解阅读的要求

在学习的过程中，阅读能够拓展学生的视野，并且帮助学习者掌握更全面的专业知识、明确学习目标、全面提升自身的综合素养。大量阅读是有效学习的必要条件，阅读的核心目的在于积累知识素养。本书认为，知识目标、能力目标、素质目标都不应该过多依赖于讲授，而应该依托于大量的阅读、分享、实践。因此，我们要求此课程的选学者至少阅读3本该领域的经典著作。

在著作的选择上，我们为同学们保留选择书籍的权力。在选择和确定阅读对象的过程中，学生的检索、选择，教师的肯定，都是难得的学习方式。因此，建议的选择方案是：教师指定1本（见图1–1）、学生选择并经教师认可2本。

一、指定书目

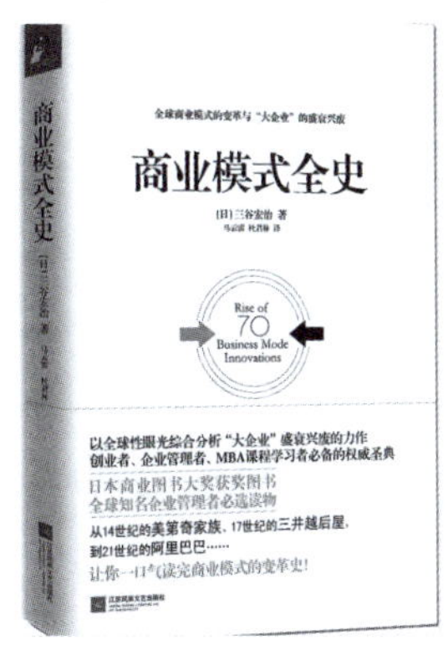

书名：商业模式全史

作者：三谷宏治

译者：马云雷，杜君林

出版社：江苏凤凰文艺出版社

出版时间：2016年1月

ISBN：9787539989501

图1–1　指定书目

二、自选书目

请利用自己能够运用的渠道，检索“商业模式”领域的书目，在经过鉴别后与教师沟通，将教师认可的两本自选书目的相关信息填入下表。

同学们也可以选择更多的自选书目，并用活页将书籍信息补充进来。

1. 自选书目一

<table>
<tr><td rowspan="7">封面照片</td><td>书名：</td></tr>
<tr><td>作者：
译者（可选）：</td></tr>
<tr><td>出版社：</td></tr>
<tr><td>出版时间：</td></tr>
<tr><td>ISBN：</td></tr>
<tr><td>选择理由：</td></tr>
<tr><td>教师意见：</td></tr>
</table>

2. 自选书目二

<table>
<tr><td rowspan="7">封面照片</td><td>书名：</td></tr>
<tr><td>作者：
译者（可选）：</td></tr>
<tr><td>出版社：</td></tr>
<tr><td>出版时间：</td></tr>
<tr><td>ISBN：</td></tr>
<tr><td>选择理由：</td></tr>
<tr><td>教师意见：</td></tr>
</table>

三、阅读要求

本书对阅读行为的具体要求是，要用思维导图梳理每一本书的逻辑，为每本书提交不低于5条、不少于500字的心得，并分享给所有同学。

任务二　阅读及评价

一、阅读及输出

同学们应用思维导图记录所读图书的核心逻辑，并写出3条以上的读书心得。读书心得可以录制成视频，或者以文字的形式进行社群分享。

（一）____________________（书名）的阅读成果（可用活页）

1. 思维导图
2. 阅读心得（一）
3. 阅读心得（二）
4. 阅读心得（三）
5. 分享记录（截图或二维码）

（二）____________________（书名）的阅读成果（可用活页）

1. 思维导图
2. 阅读心得（一）
3. 阅读心得（二）
4. 阅读心得（三）
5. 分享记录（截图或二维码）

（三）________________（书名）的阅读成果（可用活页）

1. 思维导图
2. 阅读心得（一）
3. 阅读心得（二）
4. 阅读心得（三）
5. 分享记录（截图或二维码）

二、阅读评价

依据课程标准和教学规范，对阅读行为进行评价。先由学生进行自我评价，给出分数（百分制）并给出理由，教师依据平时的观测和学生的自评给出最终分数（百分制）。再按照课程提前设置的权重将该部分分数折算进课程总分。

序号	类别	分　数	理　由
1	自评		
2	教师评价		

模块二 价值主张

任务一 认识价值主张

一、价值主张的意义

价值主张是商业模式的核心。商业模式是由创造价值、传递价值、获取价值三个环环相扣的要素组成的，三者缺一不可，少了任何一个，都不能形成完整的商业模式，如图2-1所示。创造价值是基于客户需求，提供解决方案；传递价值是通过资源配置，活动安排来交付价值；获取价值是通过一定的盈利模式来持续获取利润。因此项目价值主张的分析，是商业模式分析和设计的第一步。

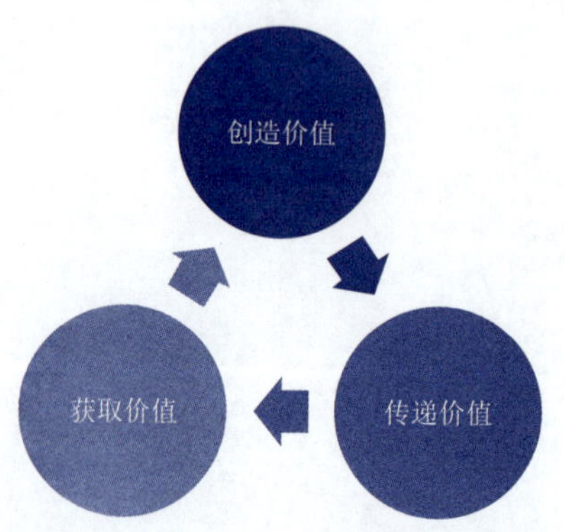

图2-1　企业价值逻辑

一个成熟的商业模式背后都会潜藏着一定的商业要素，任何人在操作的过程中，必须匹配了这些要素才能够提高创业项目成功的可能性，从而形成运行机制。

这些商业要素不仅是每一个需要用到的人要弄明白的问题，也是决定商业模式是否成立，是否能打动投资人的关键因素。接下来了解商业模式有哪些要素，又是如何形成运行机制的。

二、价值主张画布

价值主张一定要从用户视角出发，一句话能说清“针对谁、解决什么痛点、提供什么服务”。在形成有效的价值主张之前，需要先掌握企业价值提炼工具——价值主张画布。

为加强对价值主张的理解，便于大家分析价值主张时开展头脑风暴，引入价值主张画布这一工具，如图2-2所示。价值主张画布分为两个部分。左侧是价值提炼部分，右侧是需求分析部分，两个图形是有机统一的整体。

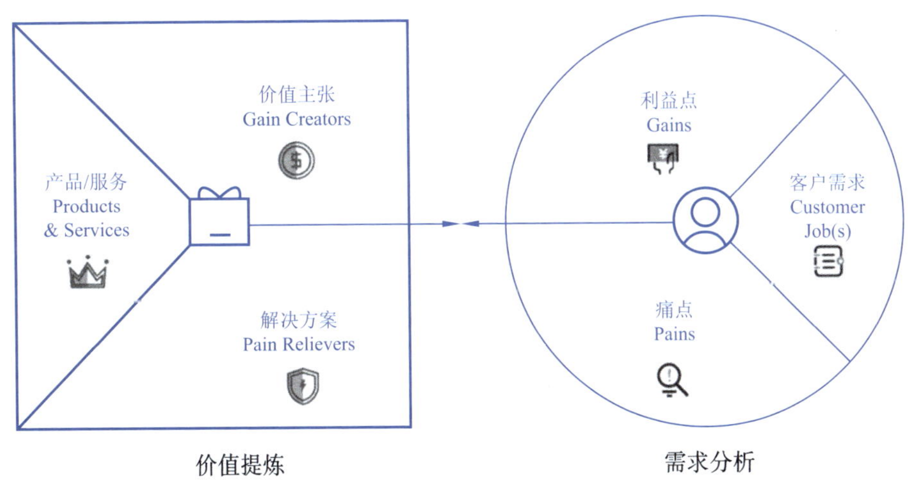

图2-2　价值主张画布

学习者应基于团队协作，用头脑风暴的方式尽量多地（不低于20条）总结公司的价值主张，并最终确定1条最核心的价值主张，用利于传播的方式表达出来，并采用价值主张画布验证其合理性。

（一）需求分析

画布的右侧重在分析细分客户的需求，以及由需求衍生出来的价值点。客户的需求来自痛点，而客户的需求必然衍生出价值点（利益点）。

1. 痛点

痛点是客户求而不得或得而不便的一种现象。通常在设计产品、服务时，更多地是从解决客户痛点出发，这也是产品、服务价值的源泉。在推广产品、服务时，很多话术也抓住了客户的痛点，放大痛点给客户带去的负面感受，从而引起客户的心理共鸣，从而让客户更容易接受我们的产品、服务。

2. 需求

客户因为有痛点，就会形成需求。进一步细分，需求又可以分为功能性需求、社会性需求和情感性需求。

功能型任务是指我们能帮用户解决什么麻烦，属于用户的左脑需求。

社会型任务是用户的一种炫耀性心理需求，更多地表达用户的优越感。

情感型任务是指产品、服务能跟用户产生共鸣，让用户能有很强烈的使用欲望，属于用户的右脑需求。

3. 价值点（利益点）

价值点（利益点）是符合客户自身利益的正面结果。在设计产品、服务时，可能会更多地考虑如何解决客户的痛点，往往会忽略在利益点上的深度挖掘，这也是客户为什么对产品、服务不买单的重要原因之一。产品、服务是基于客户的人工效率比较低，成本比较高的痛点而设计开发的，我们认为帮助客户增效降本了，客户就一定会买单。实际上并不一定，因为购买产品、服务也需要成本，但如果我们的产品、服务还能给客户提供创收的功能，这既是超出客户期望的部分，同时也是让客户愿意买单的关键部分。

（二）价值提炼

画布的左侧是价值主张提炼工具，描述的是解决方案（止痛剂）、产品／服务、价值主张（利益创造）三个部分。解决方案（止痛剂）表达我们将要通过什么方式消除或缓解客户的痛点、为客户创造价值，实现需求分析中的“价值点”。产品／服务描述企业为客户提供的价值的载体，它可以是一个实体，也可以是一个虚拟物。价值主张（利益创造）描述产品/服务如何帮助客户创造利益，达成客户期望的正面结果。

价值主张的这三个部分，很难让客户在产品／服务设计之初就看得到。运用这一工具的目的是让客户在没有见到最终产物之前，就能明白产品／服务是如何解决客户任务、痛点和利益点的。

三、价值主张的提炼

判断一个企业未来的经营成就，最关键的就是看这个企业的价值主张。企业的价值主张不是老板自己琢磨、凭空想象出来的，而是经过艰苦卓绝的努力而得到的。

在本书中，要求学习者通过以下七步确立自己的价值主张，为项目推进和未来学习打下坚实的基础。

（一）确认痛点

如果对这一系列教材进行了系统的学习，在《创业机会识别与评估》教材中，一定通过头脑风暴进行了深入的痛点分析，并确定了自己想要解决的核心痛点。那么，请将你确定的痛点用“商机简报”表达出来。如果你没有学过前面的课程，请从身边最熟悉的领域一步一步拓展开，通过头脑风暴的方式找到尽量多的痛点后，再通过集体决策确定团队认为最严重而又有能力解决的痛点作为项目的起源，也就是商机的来源。

（二）提炼需求

利用“商机简报”工具提炼并描述相应的需求。商机简报是在团队选择了痛点、经过多用户深度访谈后，通过描述需求及其存在的痛点、痛点滋生的潜在需求，从而进一步明确创业机会的工具。

商 机 简 报

____________（团队）发现了一个创业机会			
需求方		存在的痛点	
潜在的需求		项目描述	

（三）分析价值点（利益点）

价值点是在准确认知需求的基础上，当用户需求得到满足时，有哪些方案可以增加用户的体验。如果这些方案得以实现，那么客户在消费的同时，将大大提高其获得感。这是提炼企业价值主张的基础，也是企业的产品设计、运营和营销的关键。

在分析价值点时，适合采用严格的头脑风暴原则，以有效克服“群体思维”。在进行头脑风暴时，可以在规定时间内要求团队成员尽量多地找到用户的价值点，并将其写入价值主张画布的相应区域。头脑风暴结束后，再进行分析，并提炼出相对重要的数个价值点。

（四）确认解决方案

基于对用户痛点、需求和价值点的认知，我们需要勾勒出解决用户痛点的解决方案。在表达解决方案时，采用“5W1H”的分析方法，分别分析用什么产品解决痛点、为什么用这种方式解决痛点、需要什么场所和条件才能解决这样的痛点、要多长时间并经过什么程序才能解决这一痛点、解决这一痛点需要什么样的团队，以及在解决方案中应该采用什么样的方式方法，如技术等。这样就能相对完整地表达出解决方案的内涵。

（五）构思产品 / 服务

在探讨解决方案的基础上，可以就产品 / 服务进行相对准确的描述。在本课程体系中，《产品打造》课程将就产品打造的具体细节进行工具化呈现。在这里，要求学习者用头脑风暴的方式尽量多地描绘出产品形式，并通过团队决策选出数种最有价值的产品方案，头脑风暴的结果可以呈现于价值主张画布中。

（六）发掘价值主张

结合痛点的解决方案、产品 / 服务，对照需求分析版块的“价值点（利益点）”，分析产品 / 服务是否能够满足客户的“价值点（利益点）”，以及有没有更多的“价值点（利益点）”。

毫无疑问，无法满足“价值点（利益点）”的产品 / 服务不可能托起一个成功的商业模式。反之，可在产品 / 服务能够满足“价值点（利益点）”的基础上，进一步提炼出企业的价值主张。

需要大家注意的是，所有的价值主张，都应该站在用户的立场上，强调产品 / 服务为用户带来了什么价值。

（七）凝练价值主张

针对一种产品或服务，一个脍炙人口的价值主张能够很好地打动顾客，也容易凝聚核心资源和重要合作伙伴。因此，在之前整理的价值主张的基础上，需要对一个特点的产品凝练出一个精练的价值主张。

任务二　提炼价值主张

价值主张对于许多初学者而言并不容易理解，也不容易提炼。希望学习者能够依据以下流程、充分运用相关工具和展开头脑风暴，提炼团队相关产品的价值主张。

一、任务要求

以价值主张画布为基础，分析痛点、需求、价值点，设计解决方案、产品 / 服务，提炼和凝聚价值主张。所有的自学、协作、讨论、实践的成果要体现在相应的工具上，要求采用抖音、今日头条、喜马拉雅、视频号、公众号、微博、博客等自媒体工具分享学习过程和学习成果。

团队除了完成以上流程性的工作，还需形成20条价值主张、1个利于传播的最终价值。

二、痛点描述

请将选中痛点的核心要素描述如下。空白部分不足，请用活页。

痛点名称	
痛点描述	
痛点程度	
用户愿不愿意付费	
市场上已有的方案	
是否立志解决这个痛点	
你需要做些什么准备	

三、需求表达

基于训练的需要，希望大家可以用以下话术描述需求。“（什么人）”需要“（产品／服务）”因为“他们有（什么痛点）”。这一话术也可以通过以下工具进行多次训练。

由于学习者可能对需求有多种理解，我们可以给出多种需求的表达并填入下面的空白部分。空白不足部分，请用活页。

需求1：

谁____

____

需要什么____________________________________

____

因为什么____________________________________

____

需求2：

谁____

____

需要什么____________________________________

____

因为什么____________________________________

____

四、分析价值点（利益点）

请用头脑风暴的方式将每一种需求的价值点（利益点）填入相应的位置，并经严格讨论后进行提炼。

需　求	价值点（利益点）
需求1	
需求2	
需求3	

五、寻找解决方案

用头脑风暴为每一种需求寻找至少一种解决方案，并将方案填入下表。不足的部分请用活页。

需　求	解 决 方 案
需求1	
需求2	
需求3	

六、构思产品 / 服务

用头脑风暴的方式为每一种方案设计至少一类产品。头脑风暴结束后，不足的部分请用活页。

方　案	产　品
方案1	
方案2	
方案3	

七、发掘价值主张

为每一个产品发掘10个以上的价值主张。不足的部分请用活页。

产　品	价 值 主 张
产品1	
产品2	
产品3	

八、提炼价值主张

为每一个产品提炼出一个容易被客户接受、易于传播的价值主张。不足的部分请用活页。

产　品	价 值 主 张
产品1	
产品2	
产品3	

九、线上分享记录

请将学习过程中形成的思考、成果，以及相关学习的场景和素材以合适的方式在线上分享。将线上分享的文件转换成二维码后粘贴至空白处，文字分享可以打印后粘贴至空白处。

粘贴二维码	粘贴文字

十、模块评价

依据课程标准和教学规范，对价值主张的学习和提炼过程、结果进行评价。先由学生进行自我评价，给出分数（百分制）并给出理由，教师依据平时的观测和学生的自评给出最终分数（百分制）。该部分分数再按照课程提前设置的权重折算进课程总分。

序号	类别	分　数	理　由
1	自评		
2	教师评价		

模块三 关键业务

任务一 认识关键业务

关键业务是指为了确保能够正常运行、并实现良性运转，企业必须做的最重要的事情。因此，关键业务不仅是指会计制度下排名靠前的业务类型，而且包括所有维持企业运行、保持企业成长、确保渠道畅通、维护客户关系的关键活动。

任何商业模式都需要多种关键业务活动，这些业务是企业得以成功运营所必须实施的最重要的工作。关键业务是创造和提供价值主张、接触市场和维系客户关系并获取收益的基础，而关键业务也会因为商业模式的不同而有所区别。

一、关键业务的一般分类

企业关键的经营活动一般包括产品生产、创新活动、客户服务、融资活动、团队建设等方面。所有的关键业务，都与价值主张、渠道通路、客户关系、收入来源等领域有关。

1. 产品生产与销售

一个企业最基本、最关键的业务是产品的开发、生产与销售。产品的开发、生产与销售既是实现企业价值主张的关键、也是企业收入来源的核心。因此，准确表达企业的产品是商业模式的重中之重。比如，对于微软的软件制造商而言，其关键业务包括软件开发；对于戴尔等计算机制造商来说，其关键业务包括供应链管理。对于麦肯锡咨询企业而言，其关键业务包括问题求解。

当然，关键业务所指的产品，既包括有形产品，也包括各类可能为企业带来营收或者能够解决客户痛点的服务。

2. 创新活动

无论是传统制造业，还是新型服务业，都需要持续创新。30多年来，从互联网到移动互联网、从虚拟现实到人工智能，一个又一个“现象级”“平台级”的大的创新平台驱动着所有行业、所有企业快速奔跑和变革。对于企业而言，不创新就必然面对失败。因此，多数企业已经将研究开发作为企业的关键业务之一。有的科技型企业中，研发人员甚至占据了绝大部分比例。甚至像华为这样的“巨型”企业，研发人员达到了接近50%的水平。

在表达关键业务中的创新内容时，可以强调有哪些类别的研发或创新活动。这些创新活动可以是指技术方案的创新，可以是产品外观、服务形式的创新，也可以是商业模式其他领域内的创新。

【案例3-1】华为全球员工总数创新高：近50%是研发人员

作为享誉全球的中国民族品牌，华为到底有多少员工？这或许是很多业内外人士的疑问。

按照华为对外公布的报告来看，华为公司截至2019年底的全球员工总数为19.4万人，而去年同期的数字为18.8万人。在这接近20万工作人员中，研发人员约9.6万人，占比49%。

一直以来，华为都坚决实施高度国际化的运营姿态，并积极推动海外分公司的员工本地化进程。2019年，华为在境外聘用人员总数超过3.7万人，海外员工平均本地化率约为67%。具体来说，华为目前的员工来自全球157个国家和地区，仅在中国就有来自43个民族的员工。

另据报告显示，2019年华为在全球员工保障上投入139.8亿元；700多家工程供应商通过职业健康安全管理体系认证；“未来种子”旗舰项目覆盖 111 个国家和地区；在全球开展了170多个社区公益活动。

据了解，华为下阶段的目标非常明确，那就是围绕业务战略，用全球视野和世界级课题持续吸收全球“顶级人才”和“天才少年”，同时高度重视本地人才团队搭建，努力营造更加尊重专业、鼓励试错和开放包容的企业文化，从根本上激发员工的创造力。

（资料来源：编者根据网络资料整理）

3. 客户服务

客户服务体现的是以客户满意为导向的价值观，它整合及管理在预先设定的最优成本——服务组合中的客户界面的所有要素。广义而言，在销售行为发生前后的一切以提高客户满意度有关的活动都属于售后服务的范畴。比如提供产品说明书、提供咨询服务、提货服务、产品包装服务、送货、安装、产品退换、维修、保养、使用培训等方面都属于客户服务。

在表达关键业务中的客户服务时，可以列明企业将运用哪些服务活动来提高客户黏性，维护客户关系。

【案例3-2】因为顾客的需求，海尔生产出洗地瓜的洗衣机

海尔的维修服务人员接到顾客的抱怨，说他们的洗衣机不经用，刚用没多长时间就坏了。维修人员上门一看，原来北方的农民用洗衣机洗地瓜，地瓜的泥土太多，堵塞了排水口。维修人员并没有指责客户使用不当，而是维修好洗衣机后，表示会把顾客的意见反馈给公司。公司员工就想，如何才能满足北方农民洗地瓜的需求呢？于是公司马上开始研发了一种既能使北方农民洗地瓜又可以洗衣服的洗衣机。

（资料来源：编者根据网络资料整理）

4. 融资活动

广义的融资活动应该包括投资活动和融资活动。由于投资、运营等领域的需要，融资可能是现代企业面临的共同需求。在一些资金渴求强烈的企业中，如何开展有效融资活动是保持合理的现金流、维持企业正常运转和防范各类风险的关键。所以经常看到一些大公司在储备了十分可观的现金的同时，依然要进行持续的融资活动。例如全球电动汽车龙头特斯拉在当地时间 2021年 1 月 27 日发布的 2020 年第四季度年报中披露，在这一季度结束时，他们持有的现金和现金等价物已增至 193.84 亿美元，较上一季度结束时的 145.31 亿美元增加了近 50 亿美元。这 50 亿美元的现金增量，就是来自融资活动及资产出售。

因此，对于有融资需求的企业来说，在介绍关键业务时，应该仔细分析自己的融资活动。

本书作者高泽金老师曾经亲自帮助一个新创业企业——爱梓教育——设计了一套融资方案，并以融资活动为依托，促进了企业的高速发展。以下是该案例的简单描述。

【案例3-3】爱梓教育的融资活动促进了高速发展

爱梓教育以全面提升青少年综合素质为己任，通过行为习惯养成、学习、沟通和交际能力提升，将素质教育与应试课程全面对接，开发了军事拓展系列、超强大脑系列、超强口才系列、国际插班系列等产品，成为素质教育行业的领跑者。

爱梓教育2015年上半年落地武汉后，亟需尽快在湖北省各地市州县建立起营销渠道。这使得爱梓教育面临两难选择，如果采用直营点的方式开展经营，将耗费数以千万计的投资和大量的人力物力到各地考察、选址、招聘、装修、招生……；如果选择招商加盟的方式，又使得公司陷入控制力缺失、品牌管理不严的难题。在这种情况下，爱梓教育决定采用“筹人”的方式，来化解这一难题。

融资团队在湖北省各地市州县寻找有共同愿景的教育投资者加盟爱梓教育，爱梓教育负责当地的投资，合伙人负责当地的经营。合伙人以缴纳保证金的形式显示投资和经营的决心，同时分担了爱梓教育亲自选择、招聘、装修、招生的投资成本和难题。爱梓教育以现金投资，化解了合伙人经营的风险。项目的核心内容如下。

合伙人条件包括在当地有教育资源、具有一定市场开拓能力、10万元保证金（由爱梓教育董事长李绍琼以个人担保退还）。

合伙人权益包括：爱梓承担营业场所租金、物业、押金；合伙人享受最低收入10%的提成；合伙人管理网点运行，可得到每年3万元左右的工资；合伙人第一年完成招生任务，将获得爱梓公司赠予0.5%（相当于10万元）的股权，并在第三年由爱梓退还10万元保证金；股权的分红权。

该方案一经推出，立刻在湖北省的教育市场形成了一股新的合作模式，爱梓教育也迅速在湖北省各地市州县建立了20多家分支机构，实现了低成本快速扩张，企业估值也呈十倍增长。

5. 团队建设

因为人是一切组织的核心，也是最为能动的因素，团队建设无疑是企业最为重要的活动之一。团队建设一般包括合伙人队伍建设、员工招募、能力提升和管理活动。相关环节的重要性无须过多论证，在相关课程中会进行相应的训练。在这里，大家需要认真分析一下，我们究竟应该运用哪些手段来加强团队建设。

企业系统以及因为企业的业务关系而衍生的系统非常复杂。所以，关键业务的类别还有很多。通过以上分析让大家认识到，有许多类别的活动对企业的正常运营都十分重要。在项目推进中，学习者要根据团队、项目和阶段的实际情况，认真分析企业的关键业务。在分析时，可以借助以下表格采用头脑风暴的方式进行。

业务类别	关 键 业 务
产品生产	
创新活动	
客户服务	
融资活动	
团队建设	
其他类别	

二、系统逻辑下的关键业务

从系统的逻辑来看，关键业务不是孤立存在的，它与商业模式的其他环节如价值主张、渠道通路、客户关系、收入来源都存在密不可分的关系。

为了更好地认识关键业务，同时也为了更加全面地理解商业模式及商业模式的其他环节，在这一部分，我们用一个简单的关键业务画布，来提示读者分析自己的价值主张、渠道通路、客户关系、收入来源等领域分别需要哪些关键业务。

<table>
<tr><th colspan="3">关键业务</th></tr>
<tr><td rowspan="5">关键业务描绘为了确保商业模式可行，企业必须做的最重要的事情。任何商业模式都需要多种关键业务活动，这些业务活动是企业得以成功运营所必须实施的最重要的工作</td><td>我们的价值主张需要哪些关键业务</td><td></td></tr>
<tr><td>我们的渠道通路需要哪些关键业务</td><td></td></tr>
<tr><td>我们的客户关系需要哪些关键业务</td><td></td></tr>
<tr><td>我们的收入来源需要哪些关键业务</td><td></td></tr>
<tr><td>我们还需要哪些关键业务</td><td></td></tr>
</table>

任务二　分析关键业务

一、基于一般分类的分析

（一）头脑风暴

请团队运用头脑风暴的方法，为每个类别找到不低于10类关键业务。表格不足，请用活页。

业务类别	关 键 业 务
产品生产	
创新活动	
客户服务	
融资活动	
团队建设	
其他类别	

（二）做出选择

为每个类别确定一个最为重要的关键业务，并给出理由。表格不足，请用活页。

业务类别	确定的关键业务	理　由
产品生产		
创新活动		
客户服务		
融资活动		
团队建设		
其他类别		

二、基于系统逻辑分析关键业务

（一）头脑风暴

除价值主张外，请自行研究渠道通路、客户关系、收入来源等内容。然后基于各模块之间的关系，用头脑风暴的方式分别为价值主张、渠道通路、客户关系、收入来源等模块找到关联的关键业务。

要求每一个类别至少找到10个关键业务，并填入关键业务画布。表格不足，请用活页。

<table>
<tr><th colspan="3">关 键 业 务</th></tr>
<tr><td rowspan="5">关键业务描绘为了确保商业模式可行，企业必须做的最重要的事情。任何商业模式都需要多种关键业务活动，这些业务活动是企业得以成功运营所必须实施的最重要的工作</td><td>我们的价值主张需要哪些关键业务</td><td></td></tr>
<tr><td>我们的渠道通路需要哪些关键业务</td><td></td></tr>
<tr><td>我们的客户关系需要哪些关键业务</td><td></td></tr>
<tr><td>我们的收入来源需要哪些关键业务</td><td></td></tr>
<tr><td>我们还需要哪些关键业务</td><td></td></tr>
</table>

（二）做出选择

为每个类别确定一个最为重要的关键业务，并给出理由。表格不足，请用活页。

<table>
<tr><th colspan="3">关 键 业 务</th><th>理 由</th></tr>
<tr><td rowspan="5">关键业务描绘为了确保商业模式可行，企业必须做的最重要的事情。任何商业模式都需要多种关键业务活动，这些业务活动是企业得以成功运营所必须实施的最重要的工作</td><td>我们的价值主张需要哪些关键业务</td><td></td><td></td></tr>
<tr><td>我们的渠道通路需要哪些关键业务</td><td></td><td></td></tr>
<tr><td>我们的客户关系需要哪些关键业务</td><td></td><td></td></tr>
<tr><td>我们的收入来源需要哪些关键业务</td><td></td><td></td></tr>
<tr><td>我们还需要哪些关键业务</td><td></td><td></td></tr>
</table>

三、学习分享

团队应将学习的过程和成果做成文字、图片或视频内容，分享在相应的自媒体或社群中。

请将线上分享的文件转换成二维码后粘贴至空白处，文字分享可以打印后粘贴至空白处。空白部分不足，请用活页。

粘贴二维码	粘贴文字

四、模块评价

依据课程标准和教学规范，对关键业务的学习过程及结果进行评价。先由学生进行自我评价，给出分数（百分制）并给出理由，教师依据平时的观测和学生的自评给出最终分数（百分制）。该部分分数再按照课程提前设置的权重折算进课程总分。

序号	类别	分　数	理　由
1	自评		
2	教师评价		

模块四 客户细分与客户关系

任务一 认识客户细分与客户关系

客户细分是商业模式的核心之一，描述的是创业企业究竟想要接触和服务什么样的特定人群或组织。而客户关系的价值在于获取客户、维系客户以及提升销售额。

客户细分与客户关系有着密不可分的联系。客户关系面向细分客户，定位了细分客户就要维系好客户关系。

一、客户细分

（一）客户细分与细分客户

在许多有关商业模式、市场营销类的图书或文章中，大家极容易混淆“客户细分”与“细分客户”的关系。客户细分，是指为了精准定义客户而将潜在客户标签化的过程，目的是确定企业的商业模式和经营方式。细分客户则是指将现有的客户进行分类，目的是为不同类别的客户提供恰当的服务。

在进行创业项目设计时，最忌讳的是没有精准定位客户。很多同学在学校创业就认为师生都是自己的潜在客户、有人做美容院就认为所有女性都有美容的需求，这样的设想是错误的。

不能精准定位客户，就会导致企业在生产、营销、客户关系等关键业务领域无的放矢，浪费企业的资源和人员精力。

（二）客户细分与客户标签

对客户进行细分，就是要为潜在的用户贴标签，比如性别、年龄、文化程度、身份、偏好、消费习惯等。通过越来越多的标签，就能更清晰地认识到自己的主要客户是一类什么样的人。

在进行标签化的过程中，一般先要为潜在客户尽量多地贴上标签，然后根据标签的重要程度以及团队的资源、能力状况把那些无关紧要的标签摘除，剩下的、摘不掉的标签就相对比较完整地描绘出潜在客户的形象。

一般可以把客户标签分为5类，分别是身份标签、触点标签、情感标签、需求标签和能力标签。

身份标签是客户的基本身份特征，比如性别、身高、年龄、身材等。

触点标签表明在哪里可以接触到客户，主要是渠道类要素。在学习完商业模式的课程后，大家可以将触点标签与“渠道通路”进行对照。

情感标签表达的是客户的偏好、性格等。比如一个人买衣服更喜欢红色、吃饭更喜欢西餐、出行更喜欢公共交通工具等。

需求标签指向客户需要解决哪些痛点，或者在获取产品或服务时有一些什么样的额外需求。这一部分内容，同样可以与本书的“价值主张”模块对照学习。

能力标签给出的是客户的收入、消费能力、消费决策方面的特征。

（三）细分工具

在进行客户细分时，可以运用下面的客户细分画布进行头脑风暴，然后不断摘除无效标签，并把客户标签进行分类。具体实践在下一任务中进行。

<table>
<tr><th>客户细分</th><th colspan="3">我们的客户有哪些特征</th></tr>
<tr><td rowspan="6">描述的是创业企业究竟想要接触和服务什么样的特定人群或组织。
•不同的产品
•不同的渠道
•不同的客户关系
•不同的盈利可能
•不同的付费原因</td><td colspan="2">头脑风暴区</td><td></td></tr>
<tr><td rowspan="5">标签分类区</td><td>身份标签</td><td></td></tr>
<tr><td>触点标签</td><td></td></tr>
<tr><td>情感标签</td><td></td></tr>
<tr><td>需求标签</td><td></td></tr>
<tr><td>能力标签</td><td></td></tr>
</table>

【案例4-1】万科客户细分策略解读

万科对客户进行全生命周期的细分，主要是通过家庭生命周期、价值观、支付能力三个维度、11个类别完成的，其目的是希望能够在丰富产品线的同时，服务于更多的人群。为了更好地配合产业化进程的开展，产品一定要保证具有鲜明的特质，以便于客户的清晰分类。

一、万科细分客户的特征及需求

同一经济水平范围内，同类客户需求具有趋同性，因此剔除经济因素对区域选择的影响，将客户按家庭生命周期进行细分，万科目标客户群分为以下几类：年轻家庭、小小太阳、小太阳、后小太阳、空巢家庭，以及社会成功人士等。

1. 年轻家庭

（1）基础特征：25~30岁，以经济型客户为主。

（2）购房动因：首次置业。

（3）产品需求特征：总价支付能力有限，对价格比较敏感；希望距离父母或工作单位较近的位置；对户型设计较为重视，对日照朝向、小区绿化有较高要求；倾向于购买大型社区。

户型面积需求集中于90 m^2左右的紧凑型两房两厅；对于第二间房功能需求倾向于书房，整体功能侧重于满足文娱性需求。

2. 小小太阳

（1）基础特征：25~30岁，以普通职员和一般管理者为主，经济水平有限。通常夫妻中一人工作相对轻松。

（2）购房动因：首次置业或改善型。

（3）产品需求特征：

① 经济务实型：价格水平、交通状况是其最为关注的；其对周边生活及商业配套有较高要求；注重户型布局和小区景观绿化；希望选择靠近公交站、地铁的地方购房；需求户型以紧凑两房为主。

② 中间收入水平：其对交通状况的关注程度高于对价格的关注；对周边自然环境和教育文化配套较为重视；购房时注重户型的选择，倾向于户型布局良好、日照充足、通风良好的户型；期望在小区内有安全保障的儿童娱乐设施。

③ 高收入水平：对价格不敏感，注重交通状况和户型布局以及开发商品牌；对周边生活配套和自然环境设施有较高要求；注重楼型及光照效果、小区绿化等；希望小区拥有较高的人文氛围；户型选择倾向于大面积三房。

3. 小太阳

（1）基础特征：35~39岁，以中层管理和个体私营业主为主。通常夫妻中一人工作相对轻松。

（2）购房动因：改善型。

（3）产品需求特征：

① 经济务实型：价格水平、交通状况是其最为关注的；其对周边生活及商业配套有较高要求；注重户型布局和小区景观绿化；倾向于选择靠近高质量中小学的区域购房；需求户型以两房及紧凑三房为主。

② 中间收入水平：其对交通状况的关注程度高于对价格的关注；对周边自然环境和教育文化配套较为重视；购房时注重户型的选择，倾向于户型布局良好、日照充足、通风良好的户型；倾向于选择靠近高质量中小学的区域购房。

③ 高收入水平：对价格不敏感，注重交通状况和户型布局以及开发商品牌；倾向于选择高质量中小学附近购房；注重楼型及光照效果、小区绿化等；希望小区拥有较高的人文氛围；户型选择倾向于大面积三房，注重子女生活学习功能空间。

4. 后小太阳

（1）基础特征：40～45岁，以企业中层管理者和个体私营业主为主。通常家庭生活工作压力比较大。

（2）购房动因：改善型。

（3）产品需求特征：

① 经济务实型：价格水平、交通状况是其最为关注的；其对周边生活及商业配套有较高要求；注重户型布局和小区景观绿化；希望选择靠近公交站、地铁的地方购房；需求户型以紧凑两房、三房为主。

② 中间收入水平：其对交通状况的关注程度高于对价格的关注；对周边自然环境和教育文化配套较为重视；购房时注重户型的选择，倾向于户型布局良好、日照充足、通风良好的户型；倾向于靠近高质量中学购房；需求户型以三房为主。

③ 高收入水平：对价格不敏感，注重交通状况和户型布局以及开发商品牌；对周边生活配套和自然环境设施有较高要求；注重楼型及光照效果、小区绿化等；希望小区拥有较高的人文氛围；户型选择倾向于大面积户型，小高层、高层或花园洋房。

5. 空巢家庭

（1）基础特征：45岁以上，以经济型客户为主。

（2）购房动因：安度晚年。

（3）产品需求特征：

以经济型空巢家庭客户为主，此类客户对价格较为敏感；比较重视购买区域周边环境与小区内部环境；对内部环境的关注集中于对社区安全、日常便利、生活协助及消磨时光的考虑。

注重房屋的日照朝向，偏好居民多的大型社区；倾向户型为紧凑型两房两厅。

6. 成功人士

（1）基础特征：满足心理需求。

（2）产品需求特征：对价格不敏感，注重区域周边综合状况；对区域交通状况，主要是路况有较高要求；倾向于市中心的小规模社区，大面积高层、小高层住宅；或周边环境较好的独栋别墅等。对周边自然环境、人文氛围等稀缺性资源有较高要求。

二、万科核心产品系列下的客户细分

1. 核心产品的特点及目标客户群

（1）城市花园：

特点：在城市中心区外围，交通条件和产业条件比较好，产品以多层为主，兼有高层和局部低密度联排别墅住宅，规模适中。

目标客户群：金领、白领。

（2）四季花城：

特点：在城市郊区，多在大的发展区域（大型居住区或大型开发区），产品类型多元化，规模较大。

目标客户群：向往郊区生活的白领等中产阶级。

（3）金色家园：

特点：城市核心区或核心边缘，以高密度、高层建筑为主体，产品地位相对集中，户型不大，用地规模偏小。

目标客户群：城市白领。

（4）自然人文：

特点：特殊地块、特别处理。

目标人群：社会成功人士。

2. 核心产品的主力客户细分

<table>
<tr><th rowspan="3">品类</th><th colspan="4">主力分客户</th></tr>
<tr><th rowspan="2">客户描述</th><th colspan="3">客户细分</th></tr>
<tr><th>比例</th><th>年龄</th><th>购买原因</th></tr>
<tr><td rowspan="2">商务住宅，周边写字楼密集，商业价值高</td><td>商务人士</td><td></td><td></td><td>投资</td></tr>
<tr><td>顶级商务人士</td><td></td><td></td><td>投资</td></tr>
<tr><td rowspan="4">改善居住，配套齐全</td><td>三代（孩子）</td><td>10%</td><td>35～45岁</td><td>改善</td></tr>
<tr><td>后小太阳</td><td>40%</td><td>40～45岁</td><td>改善</td></tr>
<tr><td>小太阳</td><td>40%</td><td>35～39岁</td><td>改善</td></tr>
<tr><td>中年之家</td><td>10%</td><td>45～50岁</td><td>空巢</td></tr>
<tr><td rowspan="2">首次置业，低总价</td><td>青年之家</td><td>85%</td><td>25～35岁</td><td>首次</td></tr>
<tr><td>青年持家</td><td>15%</td><td>25～30岁</td><td>首次</td></tr>
<tr><td rowspan="6">城郊改善居住环境</td><td>三代（孩子）</td><td>10%</td><td>35～45岁</td><td>改善</td></tr>
<tr><td>后小太阳</td><td>20%</td><td>40～45岁</td><td>改善</td></tr>
<tr><td>小太阳</td><td>30%</td><td>35～39岁</td><td>改善</td></tr>
<tr><td>中年之家</td><td>5%</td><td>45～50岁</td><td>空巢</td></tr>
<tr><td>青年持家</td><td>5%</td><td>30～35岁</td><td>改善</td></tr>
<tr><td>小小太阳</td><td>30%</td><td>30～35岁</td><td>改善</td></tr>
<tr><td rowspan="5">郊区首次置业，低价</td><td>青年之家</td><td>50%</td><td>25～35岁</td><td>首次</td></tr>
<tr><td>小小太阳</td><td>20%</td><td>25～30岁</td><td>首次</td></tr>
<tr><td>青年持家</td><td>10%</td><td>25～30岁</td><td>首次</td></tr>
<tr><td>三代（孩子）</td><td>10%</td><td>25～30岁</td><td>首次</td></tr>
<tr><td>老年一代</td><td>10%</td><td>45岁以上</td><td>首次</td></tr>
<tr><td rowspan="2">郊区享受型，改善居住为主</td><td>三代（孩子）</td><td>50%</td><td>35～45岁</td><td>改善</td></tr>
<tr><td>后小太阳</td><td>50%</td><td>35～45岁</td><td>改善</td></tr>
</table>

（资料来源：编者根据网络资源整理）

二、客户关系

客户关系在市场营销中是一个非常立体的领域，在本书中，主要是从商业模式设计的角度理解客户关系。在商业模式语境中，一般称客户关系为企业与特定客户群体之间的关系模型。

维护客户关系的主要目的是增加盈利。因此，客户关系中的关键环节有三个：怎样开发新客户、如何留住老客户，以及如何增加销售量或增加客单价。

在进行客户关系设计时，同样要求学习者分别就以上三个环节展开头脑风暴，争取找到足够多的建立和维护客户关系的手段，并找到通过客户关系增加企业的销售量或增加企业盈利的方法。

	环节	客户关系设计
客户关系	怎样开发新客户	
	如何留住老客户	
	如何增加销售量或增加客单价	

【案例4-2】良品铺子：发现投诉背后的客户价值

一说到投诉，很多人都闻声变色，仿佛看见了世界末日。不过对一些有远见的企业而言，投诉的背后却有很多价值。包括真正提升产品和服务品质，最终提升客户体验，不仅让投诉的客户改观，还能赢得更多的客户。作为一家致力打造“良品的铺子”的公司，良品铺子善于挖掘投诉背后的潜在价值，让其获得了持续发展的活力。

2018年，良品铺子就针对顾客的投诉提出了解决方案，并应用于实际中，有着显著的成效。618活动期间，良品铺子上线智能导购，就是看到了投诉中的关键词——导购难，这次一共为良品铺子积累了30万新会员，良品铺子一跃成为天猫618首个线下“百万订单”品牌。双十一期间，良品铺子更是实现了为2 160家智慧门店增加503万个新零售会员，订单同比增长139.8%，销售额同比增长166.9%，持续占据行业新零售榜单TOP1。这些数据印证了良品铺子一直推崇的理念：从客户投诉中看客户需求，挖掘客户价值。

除了服务方面，良品铺子也很注重食物品质的提升。从投诉中提取的关键词，公司可以细分客户群体，为每一种客户群体量身打造独特的口味和零食搭配组合，尽量满足每一个群体的需求。在食品安全问题上，公司也是严格把关，针对顾客在投诉中对食品安全的质疑，特意建设了一套完善的产品质量检测体系，从原材料到终端销售，覆盖了产品上柜前的“六层品质把关”和销售中的“六层质量监控”，竭尽全力让消费者吃得放心、安心、舒心。

良品铺子认为，投诉中蕴含着客户价值，因为从这些投诉中，可以看到顾客的需求，那就是全力以赴要改进的地方，是一定要精益求精的部分。只有把这部分尽可能做到完美，顾客才会每一次都选择良品铺子，甚至为身边的人推荐良品铺子，这是商家坚持不懈执着追求的高品质所带来的。

（资源来源：编者根据网络资料整理）

因此，为了深入理解客户关系，学习者须描绘出：为提供更好的服务，团队须与客户建立并保持何种关系？哪些关系已经建立了？维系这些关系的成本如何？在未来应用更加熟练时，应明白客户关系与商业模式的其他模块之间的关系、整合的方案等。

客户关系	我们的客户是谁?	
通过什么方式或机制可以保证产品/服务与用户之间拥有长期的利益关系	团队须与客户建立并保持何种关系	

任务二　客户细分与客户关系设计

一、客户细分设计

（一）头脑风暴

团队展开头脑风暴，为产品/服务的潜在客户寻找标签，将标签写入下表。如果产品/服务的类别比较多，请用活页分析不同产品的客户标签。

头脑风暴过程中，要严格按照头脑风暴的基本原则，在规定时间里为产品找到尽量多的标签。要求每一个产品的潜在客户标签不低于30个。

产品名称：	潜在客户标签
产品描述：	

（二）标签摘除

根据标签的重要程度以及团队的资源、能力状况把那些无关紧要的标签摘除，剩下的、摘不掉的标签就相对比较完整地描绘出潜在客户的形象。

产品名称：	被摘除的标签
产品描述：	
摘除的原因	

（三）标签分类

如果是在线下用大白纸的方式开展设计，到了这一步，就清楚地看到第一张表中的客户标签区剩下的标签就是人们更加看重的客户特征。接下来，按照身份标签、触点标签、情感标签、需求标签和能力标签的分类，把剩余的标签放入指定区域。

<table>
<tr><td>产品名称：</td><td colspan="2">标签分类</td></tr>
<tr><td rowspan="5">产品描述：</td><td>身份标签</td><td></td></tr>
<tr><td>触点标签</td><td></td></tr>
<tr><td>情感标签</td><td></td></tr>
<tr><td>需求标签</td><td></td></tr>
<tr><td>能力标签</td><td></td></tr>
</table>

二、客户关系设计

（一）头脑风暴

请分别就如何开发新客户、如何留住老客户、如何增加销售量或增加客单价展开头脑风暴。头脑风暴的过程中，将成果填入下表，该部分可以增加活页。

	环节	客户关系设计
客户关系	怎样开发新客户	
	如何留住老客户	
	如何增加销售量或增加客单价	

（二）客户关系设计总结

客户关系管理并不能用几个关键词就完整地表达出来，还需要大家进行消化总结。学习者以团队为基础，进行客户关系设计总结，并表达出来。

一般从以下几个方面进行客户关系管理：

三、学习分享

团队应将学习的过程和成果总结成文字、图片或视频内容，分享在相应的自媒体或社群中。

请将线上分享的文件转成二维码后粘贴至空白处，文字分享可以打印后粘贴至空白处。空白部分不足，请用活页。

粘贴二维码	粘贴文字

四、模块评价

依据课程标准和教学规范，对设计过程及结果进行评价。先由学生进行自我评价，给出分数（百分制）并给出理由，教师依据平时的观测和学生的自评给出最终分数（百分制）。该部分分数再按照课程提前设置的权重折算进课程总分。

序号	类别	分数	理　由
1	自评		
2	教师评价		

模块五　渠道通路

任务一　渠道通路的认知

对于任何企业来说，都需要在企业与用户之间架起一个通道，这个通道就是“渠道”。没有渠道，企业和产品就无法被用户了解、购买，也无法为客户提供应有的服务，企业的价值主张就无法触及用户。因此，渠道通路是商业模式中十分重要的组成部分。

一、渠道通路及其意义

在商业模式的设计中，渠道通路业已成为一个约定俗成的表达方式。事实上，渠道和通路表达的是一个意思，描绘的是企业与用户之间发生关系的连接系统。在企业实现自己的价值主张，进而实现正常运营、获得收入等领域，这个系统十分重要。

考虑到产品销售对企业的重要意义，企业一般有“渠道为王、决胜终端”的说法，营销渠道管理在业界占据着日益重要的地位。营销大师菲利普·科特勒在其著作《营销管理》中指出：“市场营销中间商一起构成市场营销渠道。市场营销渠道是那些为使产品或服务能被使用或消费而配合工作的独立经济组织的集合。”他认为，营销渠道是指那些配合起来生产、分配和消费某一生产者的货物或劳务的所有组织或个人。即商品从制造商到达消费者手里所经过的途径。

1. 渠道通路可以疏通交易双方、提高交易效率

由于多数产品要么生产地和消费地、生产者和消费者都不在同一个地方，生产和消费之间存在时间差，因此渠道能够沟通交易双方并起到“蓄水池”的功效。如果没有渠道——当然也可以是自由渠道，交易成本将会大大提高。

阿里巴巴出现之前，国内的出口商要与国外进口商之间建立合作关系，要有很复杂的业务流程和很高的信用风险。自从阿里巴巴成立后，交易双方可以通过平台进行商务交流、并通过平台提供的交易担保提高了双方的信用水平，因而大大降低了交易双方的交易成本和交易风险。于是，阿里巴巴成了许多中小企业的渠道，帮助企业实现了其价值主张。阿里巴巴因此间接促进了国际贸易的发展。

2. 渠道通路可以宣传企业产品、实现渠道协同

无论产品多么好，广告做的多么有效，都必须让消费者看得到、买得到，即：必须将销售渠道加以延伸，提高终端布点的密度，强化终端促销力度，这就要靠零售商的努力。

渠道中的各类主体共享渠道资源，大大节省交易成本，发挥渠道成员间的协同作用。包括分摊广告成本、共享信息、确定合理的库存量、合用订货系统、使用物流基础设施、共同采购、配送、内部融资。通过渠道成员的合理分工，大大提高了商品营销速度，拓展了销售空间，覆盖面也越来越广。

3. 渠道通路可以规避市场风险、增强企业价值

很多企业对渠道分走了部分利润心怀芥蒂，那是没有看到渠道中各主体之间的伙伴关系在分担风险方面的巨大价值。比如渠道担负了大量的市场开拓职能，将大大降低企业的市场开拓风险，甚至是仓储风险、运输风险、资金风险等。渠道可以收集、整理有关现实与潜在消费者、竞争者及营销环境的有关信息，并及时向营销渠道其他成员传递。

【案例5-1】格力电器渠道深度剖析

作为国内空调的龙头企业，格力电器在空调销量和市场占有率上连续14年雄踞榜首，渠道在其中发挥的作用居功至伟。

1. 格力空调的专卖店模式

格力空调连续十一年产销量全国第一，不仅得益于格力空调过硬的优秀品质及品牌的强势，而且得益于格力独有的区域代理制加上格力品牌专卖店的渠道模式。产品—品牌—品牌专卖店组成了一个完美的品牌质量。格力空调已经做了十一年的专卖店，并且打算将其专卖店继续作大作强。

格力在成立之初，由于自己实力较弱，格力电器所采取的是“农村包围城市”战略，集中开发“春兰”“华宝”等著名企业影响较弱的地区，在皖、浙、赣、湘、桂、豫、冀等省内逐渐树立品牌形象，建立巩固的市场阵地。实施这一战略过程中，所运用的渠道主要是重点经营专卖店，通过良好的售后服务保证顾客利益。

2004年，格力电器开始全面自建营销渠道，与各省市的大经销商联合出资成立股份制区域销售公司，由销售公司负责市场的开发和维护，形成以专卖店为主要终端的销售体系。

“股份制区域经销模式”帮助格力电器低成本搭建了营销渠道，且以资本为纽带把公司和经销商的利益捆绑在一起，不会对原有的渠道直接产生冲突，从而不存在渠道摩擦成本。而且，格力电器一般会在当地建立公司库房，借用经销商的销售渠道快速打开市场，降低拓展成本、运输成本以及其他经营成本。同时，公司给予经销商一定额度的返利，随着业绩浮动并保证及时兑现。

依托品牌强势以及营销策略上的安排，格力电器对渠道保持了强有力的控制，不仅可以通过选择经销商来控制渠道建设的进度和力度，还可以控制产品的终端销售价格，保持渠道的稳定。

2. 渠道组织结构

“格力渠道模式”最大的特点就是格力公司在每个省和当地经销商合资建立了销售公司，即所谓的使经销商之间化敌为友，“以控价为主线，坚持区域自治原则，确保各级经销商合理利润”，由多方参股的区域销售公司形式，各地市级的经销商也成立了合资销售分公司，由这些合资企业负责格力空调的销售工作。厂家以统一价格对各区域销售公司发货！当地所有一级经销商必须从销售公司进货，严禁跨省、市窜货。格力总部给产品价格划定一条标准线，各销售公司在批发给下一级经销商时结合当地实际情况“有节制地上下浮动”。

3. 渠道政策

（1）组织结构调整

格力公司与经销商组织起来建立一个地区性的、格力为大股东的合资销售公司，以这个公司来充当格力空调的分公司管理当地市场。各区域销售公司董事长由格力方出任，总经理按参股经销商的出资数目共同推举产生，各股东年终按股本结构分红，入股经销商形成一个利益联盟。对入股经销商的基本要求是：当地空调大户，并且格力占其经营业务的70%以上。

这种模式有几层组织结构：省级合资销售公司、区级合资分公司以及零售商。

（2）分配方式的改变

在格力模式的分销网络中，原来互为竞争对手的大批发商都作为股东加入合资公司，各自的销售网络也合并在一起执行统一的价格政策，批发商的利润来源不再是批零差价，而是合资公司税后利润分红。省级合资公司的毛利水平最高可达到10以上，入股的经销商会全力推广，促使销售量迅速上升。

4. 格力渠道成本分析

营销渠道中涉及的成本很多，把它们归结为两类，一类是交易成本，另一类是管理成本，即总成本=交易成本+管理成本。

【案例分析】格力渠道利弊分析

1. 优点

（1）有利于做大市场份额

产品的质量、外形、品牌定位等并不逊色于业内的老牌子！这是格力取得市场的基础。厂商间的强强联手，即选择并结合在当地有着强大影响力的经销商无疑使得格力能在当地获取市场优势。

（2）有效地控制了出货渠道

在一个地区仅有一个单位出货，避免了多头供货带来的价格混乱，稳定了价格，保证了市场健康有序的发展。

（3）避免了厂家与商家之间的博弈

以股份的形式把厂商的利益捆绑在一起，避免了势均力敌的经销商的相争，维持了产品适当的利润，而且参与组建联营公司的经销商年底还可以分红。凸现了网络共享的优势。不同商家各自的网络，结成利益共同体后，分散的网络资源得以集中，同时大家共享，这无疑有利于做大市场蛋糕。

（4）消除了经销商之间的价格大战

经销商成为股东，利润来源于合资销售公司年终红利，没有必要再为地盘和价格争斗不休。即使有问题也可以在公司内部会议上解决。

（5）解决了经销商在品牌经营上的短期行为

以前由于经销商担心制造商政策变化，往往追求当期利润最大化而做出损害品牌价值的行为。在格力模式中，经销商由于资本上的合作而对制造商的信任程度大大加强，会把该品牌的销售放在长远来看。

此外，这种运作模式节省了大量的编制销售人员的工资、补贴、差旅费用、通信费用等，以及数量可观的产品销售成本（如广告费、促销费用等）等。而对于加入联合体的经销商来讲，货源、价格等方面有了保障，加上年终的返利分红，收益有很大保证，降低了经营风险。

2. 缺点

中国的市场情况是复杂多样的，就空调市场来说，除了一级市场还有二级市场、三级市场等。适合于二、三级市场渠道模式并不一定适合于一级市场。格力目前就面临着多个问题的长远解决对策。

（1）如何规范股份制销售公司的管理

由于股份制销售公司的总经理和财务人员都是经销商选派的，一些销售费用的支出可能成为各方争论的焦点。因为这直接关系到公司的最终利润。

（2）如何统一股东的发展方向

一些经销商不会甘心限制在经销一个品牌而丧失长远发展的机会，理论上重大事项必须经董事会讨论通过，但控股股东往往一言九鼎，决策的天平似乎难以持平。

（3）如何解决渠道内部利益分配不公

该模式中大批发商仍是主要力量，与制造商合资使其地位较以前更加提高。因而利益分配也更倾向他们，由于渠道总体盈利水平并未提高，牺牲的将是零售商利益。长期如此渠道稳定性就会有问题

（4）如何塑造长期品牌形象

这种渠道方式在二三线城市比较可行，但在一线大型城市，这种渠道模式是对品牌的致命损伤，而且，格力目前这种渠道形态客观上对现实消费的把握不准确，限制了自己的制造革新力度。

（5）如何维系单纯利益的渠道

没有丰厚的利润回报，经销商们自然不敢动辄几百万下注，无利而不往，按一些入股经销商的说法，区域销售公司最大的好处是垄断了当地批发市场。

（资料来源：编者根据网络资料整理）

二、渠道通路的设计

（一）分类设计渠道通路

企业、产品的价值主张要被客户认知和接受，存在细化的可能。在进行渠道通路设计时，如果能够将认知和接受过程进行细分，分别就不同的阶段进行设计，既能够提升学习者的认知能力，也有助于提升他们的实践能力。因此，按照以下思考路径，来开展设计实践。

1. 认知阶段的渠道通路

让客户接触并对企业、产品产生认知，是渠道发生的首要作用。在认识阶段，渠道的首要任务是让客户知道并了解企业或产品，不断通过各个渠道扩大客户群体对产品或服务的认知度。

2. 分析评估阶段的渠道通路

客户接触到企业及其产品、服务后，会有一个决策过程。在这样的一个过程中，如何快速让客户对产品和服务产生好感，是发生购买行为的基础。这一阶段的工作是，引导和帮助客户群体对企业的产品或服务进行分析评估，最终获得客户群体对产品或服务价值主张的认可。一次试用、一套资料、一个老客户的分享等，都可以成为有效的渠道。

3. 销售阶段的渠道通路

销售阶段的渠道通路，是最为重要的渠道通路。这时候，要通过合适的渠道给客户最好的购买和消费体验。比如现在传统店铺的互联网转型中，一套新零售系统为客户线上下单提供更多的选择、更好的折扣，牙医为矫正牙齿的用户设计了一套3D效果图，等等。如何更好地让客户购买企业的产品或服务，是这一阶段的重中之重。

【案例5-2】宋城的销售阶段的渠道通路

宋城是中国最大的宋文化主题公园，反映宋文化内涵的杭州第一个主题公园。宋城采用活动宣传、电子分销、公共关系促销的经营策略。宋城集团把在景区举办各种大型节庆活动和文化竞赛作为营销的重要手段；在市场占有率上，宋城集团在东华建立500家旅游社的委托代理网络，使长期客户占旅客量的50%以上；宋城集团注重企业公共关系，组织各种有冲击力的社会公共活动，邀请下岗工人免费游宋城，重阳节老干部登高。

基于直播平台和虚拟现实技术的兴起，公司把驯龙高手互动体验引入旅游景点吸引成千上万游客访问；VR未来会成为重要的媒介，可利用社交媒体的影响现在对VR进行推广；世界就是个主题乐园，未来会将VR引入儿童游戏，将最喜欢的动画角色带到真实生活中。

（资料来源：编者根据网络资料整理）

4. 价值输出阶段（体验阶段）的渠道通路

与一部分创业者的想法可能不一样：销售出去产品或服务并非企业的最终目的。产品和服务的价值主张的实现，也就是客户最终体验的结果，才是企业应当关注的问题，例如饭店销售菜品，最重要的是味道和环境服务体验，而非单纯销售菜品等。如何在销售完成后及时向用户传递企业的价值理念，是一个具有企业家精神的创业团队需要重点思考的问题。期待学习者能够多思考，在这个阶段能够构建什么样的渠道。

5. 售后阶段的渠道通路

售后阶段也需要渠道吗？这是很多创业者的问题。售后常见的形式有，电话回访（随机回访、调研回访、体验回访等）、上门检验、微信回访（网页回访）等。不同方式所接触的客户数量、资源消耗各不相同，因此，售后阶段也需要慎重梳理渠道通路。

（二）设计渠道通路时的工作步骤

1. 运用渠道画布开展头脑风暴

按照前面的分类设计思路，学习者依托团队开展头脑风暴，为每一个类别找到足够多的潜在的渠道通路。

分类别设计渠道通路	
认知阶段的渠道通路	
分析评估阶段的渠道通路	
销售阶段的渠道通路	
价值输出阶段的渠道通路	
售后阶段的渠道通路	

2. 按照有效性、性价比原则剔除无效渠道

团队先按照有效性原则，对头脑风暴的结果进行鉴别、取舍。在此基础上，按照性价比原则再次进行取舍。剩下的渠道，应该是团队实际运营中被有效建立和维护的渠道通路。

3. 渠道整合

一个企业，根据不同的需求和企业经营的不同环节，应该建立有不同的渠道通路。渠道之间，不应该是孤立存在的。一个企业，应该对所拥有的渠道进行有效整合。只有这样，才能够最有效地实现企业的价值主张、为企业创造最佳的效益。

任务二　设计渠道通路

一、运用渠道画布寻找潜在渠道

（一）头脑风暴

运用渠道画布，按照前面分类设计的思路，学习者依托团队开展头脑风暴，为每一个类别找到足够多的潜在的渠道通路。

要求，在团队自我限定时间的头脑风暴结束后，渠道通路总数不低于50个。画布空格不足，请用活页。

分类别设计渠道通路	
认知阶段的渠道通路	
分析评估阶段的渠道通路	
销售阶段的渠道通路	
价值输出阶段的渠道通路	
售后阶段的渠道通路	

（二）按照有效性和性价比原则剔除无效渠道

头脑风暴结束后，设想的大量渠道通路中，一定有很大比例是无效的，还有一些渠道的投入成本太高、性价比较低。综合来看，这样的渠道是要舍弃的。请大家按照有效性和性价比原则进行取舍，摘除无效通道至表格右侧。

分类别设计渠道通路			
类　别	有效渠道	无效渠道	低性价比渠道
认知阶段的渠道通路			
分析评估阶段的渠道通路			
销售阶段的渠道通路			
价值输出阶段的渠道通路			
售后阶段的渠道通路			

（三）渠道整合

按照自由渠道、合作伙伴渠道的渠道进行分类后，在分别按照是否已经具备条件的标准，将上述环节中确定的有效渠道进行分类。

潜在的有效渠道		
自有渠道	已具备	
	尚欠缺	
合作伙伴渠道	已具备	
	尚欠缺	

（四）渠道策略

经过以上分析，你对渠道应该有了自己的认知，对任何设计和整合渠道应该也有了自己的想法。请结合团队的探究，谈一下自己的渠道策略。若空白部分不足，请用活页。

二、学习分享

团队应将学习的过程和成果做成文字、图片或视频内容，分享在相应的自媒体或社群中。

请将线上分享的文件转成二维码后粘贴至空白处，文字分享可以打印后粘贴至空白处。空白部分不足，请用活页。

粘贴二维码	粘贴文字

三、模块评价

依据课程标准和教学规范，对渠道通路的学习与设计的过程及结果进行评价。先由学生进行自我评价，给出分数（百分制）并给出理由，教师再依据平时的观测和学生的自评给出最终分数（百分制）。该部分分数再按照课程提前设置的权重折算进课程总分。

序　号	类　别	分　数	理　由
1	自评		
2	教师评价		

模块六 核心资源与重要伙伴

任务一 核心资源与重要伙伴的内涵

核心资源和重要伙伴都是保障企业的生产、运营的关键性因素。核心资源和重要伙伴的缺乏，将影响企业关键业务的生产和提供，有可能影响到渠道建设、客户关系等等，进而影响企业价值主张的实现。

在本模块，将这两类基础性要素放在一起探讨，为的是让学习者对企业生产经营条件有一个更加全面的认知。

一、核心资源

在商业模式中，核心资源作为决定我们实现价值主张效率的关键所在，保证着企业生产、经营和服务。同时也意味着，如果核心资源欠缺，企业的生产经营活动就会陷入困顿和危机。

（一）核心资源的类别

在企业运营中，我们一般将核心资源分为四大类，分别为实物资源、知识性资源、人力资源和金融资源。

1．实物资源

实物资源又称实物资产，指生产设施、不动产、机器设备、系统、土地、厂房等看得见摸得着的东西，比如沃尔玛、家乐福等拥有强大的仓储体系实物资源，销售、订货、配送同步进行，拥有自己强大的管理系统。

一般企业都需要一些必备的实物资源。比如没有办公设施，经营活动根本无法组织；互联网企业没有系统和平台，根本无法运营；等等。

实物资源对企业至关重要，但实务资产的购置需要占用资金，影响企业的流动性，增加资金的机会成本。因此，企业应该在购置实物资源上量入为出，甚至采用租用、合用、代工等方式减少实物资源对公司流动性的压力。比如很大比例的现代企业都将产品生产环节外包给代工企业等。

2. 知识性资源

知识性资源指品牌、专利、商标、版权、企业联盟、客户数据库等不可触摸的东西。这些知识性资源是商业模式中很重要的一部分，不过前期可能建立这些资源比较困难，但是逐渐积累的话，可以为企业带来巨大价值。

一定意义上说，现代企业的竞争就是创新能力的竞争，创新能力主要体现于知识性资源和人力资源上。一个企业有多少项专利及其他知识产权，往往决定着企业的未来和行业地位。

中国电信企业巨头华为，从2G时代的代理商逐步成长为5G时代的领头羊，甚至因为其撼动了西方国家在该领域的垄断地位而饱受不公平待遇。这样一个令人尊敬的企业的成长过程，就是其1.98万件专利不断积累的过程。

【案例6-1】2020年中国发明专利授权量排名出炉，OPPO表现亮眼

2020年中国发明专利授权量排名来了，OPPO排名第2，OPPO在研发方面，在印度成立5G实验室、在杭州成立全球移动终端研发总部，还有西欧和各个地区的总部等。OPPO对于新技术和新专利的落地应用做得也相当快，比如VOOC闪充，现在的65 W闪充已经应用到了2 K档，去年还有125 W闪充、65 W无线闪充亮相，OPPO Reno5系列的星钻工艺、电致变色技术，还有接下来一季度发布的OPPO Find X3，也将首发全链路色彩管理系统。

序号	企业专利权人	授权量
1	华为技术有限公司	6 393
2	OPPO广东移动通信有限公司	3 580
3	中国石油化工股份有限公司	2 921
4	京东方科技集团股份有限公司	2 882
5	腾讯科技（深圳）有限公司	2 812
6	珠海格力电器股份有限公司	2 677
7	国家电网公司	2 498
8	阿里巴巴集团控股有限公司	2 098
9	三星电子株式会社	1 824
10	维沃移动通信有限公司	1 686
11	美的集团股份有限公司	1 675
12	国家电网有限公司	1 616
13	中兴通讯股份有限公司	1 354
14	北京小米移动软件有限公司	1 337

续表

序号	企业专利权人	授权量
15	联想（北京）有限公司	1 166
16	高通股份有限公司	1 158
17	三菱电机株式会社	1 156
18	丰田自动车株式会社	1 035
19	中国移动通信集团公司	996
20	中芯国际集成电路制造（上海）有限公司	978

（资料来源：编者根据网络资料整理）

3. 人力资源

人力资源指的是核心的优秀团队。人是企业最核心的资源，任何一家企业都需要人力资源。在知识密集产业和创意产业商业模式中，人力资源非常重要。

作为一名创始人或者早期团队成员，如果你发现自己在公司内部已经成为一个随时可能被替换掉的角色的话，那么对于公司而言你已经没有存在的必要性了。满足人力资源条件的每一个个体都应该是无法替代并能发挥独特作用的存在才行。

企业在人力资源领域构建的竞争力，首先体现于核心团队的技术实力、行业资历、市场口碑等等，其次体现于能够整合人才提高企业的战斗力。同时，也要观察企业是否能够迅速培养后起之秀。在表达企业的人力资源时，也要侧重于以上几个方面构建自己的独特优势。

4. 金融资源

金融资源则主要是指现金、银行授信、吸引员工的股票期权池等。有些商业模式需要金融资源或者财务担保，例如现金、信贷额度或用来雇用关键雇员的股票期权池。

单纯靠业务积累、利润再投资是一种笨拙的发展方式。现代企业一般都应该研究金融规律、金融工具，保留金融资源。金融资源能够帮助企业有效地撬动其他社会资源，发挥企业自身资源的最大效益。企业保有的金融资源、授信额度、投资通道等，对企业的发展至关重要。

【案例6-2】京东在资本加持下一路狂奔

京东位居中国电子商务的第一阵营，成立之后一直有着巨额亏损。据统计，直至其2017年首次盈利时，京东先后亏损了188亿元。一个企业长期巨额亏损却快速发展，终成一大巨头，其原因何在呢？请学习者先给出自己的答案。

1. 京东的资本之路

从京东非典时期的初创，一直到上市之前，全部靠风险投资支撑，风险投资的主要目的，就是巨额资金换京东的成长速度，对京东的考核就是销售额，当时，是有对赌的，如果京东成长不够，京东就会更换主人。因此，刘强东拼命烧钱补贴，强力做大规模，用价格战把竞争对手逼死，规模越做越大，亏损越来越多。

从某种角度而言，京东是幸运的，因为当时各家都是烧钱换规模的做法，但只有刘强东在“跑销量”上做到了极致，每年数倍的增长，后来仅次于巨无霸淘宝，因此，即便每年巨额亏损，还是获得了诸多风险投资的亲睐，纷纷帮它“补血续命”，于是终于将其推向上市。

2008年，京东资金链险些断掉，几近奔溃边缘，刘强东也曾急得像热锅上的蚂蚁，额前白发正是因此才有，好在最后都找到新的投资续命，转危为安。

到了2014年，京东终于熬到上市。这时，国内电商仍在快速发展，人口红利仍在，于是，刘强东决定继续烧钱换市场，当然，结果也不错，虽然已经没有100%以上的增长，京东的销售增长率依然在业内无人能及，美国投资人源源不断输血京东，也放任其持续、大额的账面亏损。

到了2015年中，状况有所转变，一方面京东对标的、10多年不盈利的美国亚马逊开始走向盈利；另一方面，国内电商的人口红利开始消失，京东的增长率难以保持过去的神话，华尔街敲骨吸髓的投资人面前，必须要有新的故事支撑，于是，京东转而从销售规模的增长，转向缩小亏损规模，寻求净利润上的增长。

2. 京东与今日资本

说起京东和刘强东，就不能不提起今日资本的徐新。

1998年，刘强东成立京东公司，在2007年的时候，今日资本对京东进行首次股权投资，在2009年1月时，今日资本再次追投。2011年4月，刘强东宣布完成C2轮融资，融资金额总计15亿美元。根据北京伯乐创投股权众筹平台的了解，京东在上市当日，京东收盘价为20.90美元，上涨10%，市值达286亿美元。按照今日资本持有7.8%的股权来计算，今日资本在京东上市当天就赚了22亿美元，这也难怪徐新说京东是最成功的股权投资案例！初次涉入资本市场的个人投资者投资的核心就是选择靠谱的平台认准项目。伯乐创投平台投的都是互联网、人工智能、科技型的，未来能够冲刺上市的高速发展的早期项目。北京伯乐的梅骏骑老师已创造推荐投资的项目股权价值1个月增值4倍、5个月增值5倍、两年增值20倍的投资奇迹！

（资料来源：编者根据网络资料整理）

（二）核心资源的认知

1. 企业生命周期的不同阶段需要不同的核心资源

核心资源对企业至关重要，但不同的企业在不同时期需要的是不同的核心资源。比如传统企业在成立之初会更依赖实物资源、发展期会更重视人力资源，而科技型企业在成立之初会更需要人力资源、发展期更渴求知识资源、金融资源。创业者必须针对自己企业的性质及所处阶段对资源的依赖有一个更加清醒的认识。

2. 企业不同的业务构造需要不同的核心资源

企业需要核心资源，本质上是为了其他业务构造服务的。比如为了实现价值主张，企业可能对渠道中的知识性资源更渴求；为了要稳定渠道，企业往往需要更强大的人力资源；为了要实现收入，可能需要有更多金融资源的支撑等。

3. 核心资源“不求拥有、但求所用”

一说到“核心资源”，很多人可能会认为必须是企业自己拥有的资源。这样的理解是有局限的。资源的获取必然要付出成本，这对企业的现金流会产生压力。因此在不用付出高昂的购置成本的情况下，租用、合用、资源互换、建立联盟体系等方式，确保资源为己所用有时候是一种更好的选择。

在后面的重要伙伴部分，也会强调伙伴间的资源共享问题。

（三）核心资源的分析工具

在本书中，用以下画布来分析企业的核心资源。在实践流程上，要求学习者先梳理自己的团队需要哪些核心资源，再将其按照“已具备”和“尚欠缺”进行分类，以加强创业者对核心资源的理解和自身资源状况的了解。

<table>
<tr><th>核心资源</th><th colspan="3">拥有或仍欠缺哪些资源</th></tr>
<tr><td rowspan="8">保证一个商业模式能够顺利应用所需要的关键资源</td><td rowspan="2">实物资源</td><td>已具备</td><td></td></tr>
<tr><td>尚欠缺</td><td></td></tr>
<tr><td rowspan="2">知识性资源</td><td>已具备</td><td></td></tr>
<tr><td>尚欠缺</td><td></td></tr>
<tr><td rowspan="2">人力资源</td><td>已具备</td><td></td></tr>
<tr><td>尚欠缺</td><td></td></tr>
<tr><td rowspan="2">金融资源</td><td>已具备</td><td></td></tr>
<tr><td>尚欠缺</td><td></td></tr>
</table>

二、重要伙伴

商业模式中的重要伙伴不是指创业合伙人，而是与企业对等的业务合作方。好的合作伙伴可以极大地助力创业成功。因此，具不具备以及能不能对重要合作伙伴形成影响力、彼此间能不能形成良好的合作关系，都是商业模式的重要组成部分。

（一）重要伙伴的作用

合作伙伴之间在获取市场资源和竞争优势、分担市场风险和贡献资源等领域有着重要的价值。

① 建立了合作伙伴关系，各企业间就更容易确立相互信任协作、共担责任、同享利益的观念。如果伙伴间能够共同遵循商业道德规范，制定有效的公平的制度，在提高企业的核心竞争力的同时确保合作伙伴的有效经营和利益分享，对伙伴间的每一个主体都有重要意义。

② 建立了合作伙伴关系就有机会增强伙伴间的凝聚力，获得协同效应，对市场和需求能做出快速有效响应。这对提高各主体的效益都有价值。

③ 建立了合作伙伴关系，实现资源共享，优势互补，则就形成了双赢的投资。共享双方优秀的人才、信息平台，甚至利用对方的资金周转，也就相应减少了成本，增加了利润。

④ 建立了合作伙伴关系，就可以门当户对地强强合作，使核心企业平衡供应链之间的关系，将各企业单独的优势聚合成联盟体的整体优势，实现规模化效应，从而赢得强大的市场竞争力。

当然，建立企业间合作伙伴关系需要打破传统的供应链企业之间的隔阂，需要企业间的互动和组织间的深层次嵌入，把供应链优化所产生的效益和成本在供应链各企业之间及企业内部之间进行合理分配。而只有使供应链中各企业都从供应链联盟中受益，它们才能自觉维护供应链的整体利益，才能更加紧密团结，使整个供应链充满活力，从而保持优化供应链稳定、健康、长久发展。

（二）重要伙伴的类别

一般认为，企业重要的合作伙伴包括5种类型：供应链上下游主体、非竞争关系的联盟者、跨行业同定位的联盟者、开发新业务需要形成的联盟者以及同行业竞争对手中的合作者。

1. 供应链上下游主体

沃尔玛的供销联盟、IBM与供应商的联盟、微软与英特尔的联盟等都属于这种关系，联盟内的企业间互为重要伙伴。供应链上下游主体间的合作对一个企业来说十分重要。2018年开始，美国先后对包括华为在内的多家中国企业实施“制裁”，禁止使用美国技术的企业向华为销售芯片等技术产品，给华为的正常生产经营造成了极大的困难。因此，一个有长远规划的企业一定要在供应链的上下游提早布局，保障供应、确保销售渠道。

2．非竞争关系的联盟者

非竞争联盟是指产业内非竞争企业之间形成的一种伙伴关系。这一联盟中的企业之间的互动水平最高，成员企业的首要问题是相互学习，而不是首先追求保持灵活性和保护核心能力。这种联盟的企业尽管处在同一产业之内，但通常这些伙伴企业在经营上有着较大的差异。比如母婴行业产妇护理产品与婴儿用品的联盟、计算机硬件行业主机厂商与硬盘厂商的合作等。

3．跨行业同定位的联盟者

跨行业同定位的伙伴企业往往并不处于同一产业，也不存在传统供应链上的上下游关系，因此远离了竞争，双方的合作是基于资源的互补利用，通过核心资源的嵌入式共享，实现两者的深度融合，从而使联盟各方获得共赢[1]。比如，苹果与耐克在2006年就有过基于iPod的“体育+音乐”的合作，推出了一组套件：带传感器的Nike+运动鞋，和能对接iPod的无线接收器。

4．同行业竞争对手中的合作者

同行业竞争对手中的合作者，俗称“竞合者”，即在竞争中合作，在合作中竞争。是由耶鲁管理学院拜瑞·J. 内勒巴夫和哈佛商学院亚当·M. 布兰登勃格于20世纪 90年代中期提出的。与竞争对手如何在合作中共赢，在竞争中实现各自的良性发展，是一个十分庞大的课题。对于学习者来说，期待大家做一些这方面的思考。

（三）重要伙伴的分析工具

在实践环节，需要同学们通过头脑风暴思考自己需要哪些重要的合作伙伴，再进一步分析，哪些合作伙伴现在已经具备，哪些需要去开拓，以及如何开拓。

重要伙伴	我们拥有或需要哪些合作伙伴	
合作伙伴不是指创业合伙人，而是与企业对等的业务合作方	供应链上下游主体	
	非竞争关系的联盟者	
	跨行业同定位的联盟者	
	开发新业务需要形成的联盟者	
	同行业竞争对手中的合作者	

1　薛捷．非竞争性战略联盟的实践与启示：以苹果公司与耐克公司的合作为例[J]．华东经济管理，2009(06):108-110.

任务二 分析核心资源与重要伙伴

一、核心资源分析

（一）团队现阶段需要哪些核心资源

请同学们以团队为单位，通过头脑风暴，用以下画布来分析企业需要的核心资源。要求总数不低于50个，若空白空间不足，请用活页。

核心资源	我们需要哪些资源	
保证一个商业模式能够顺利的进行所需要的关键资源	实物资源	
	知识性资源	
	人力资源	
	金融资源	

（二）团队现阶段欠缺哪些核心资源

请就刚才头脑风暴的结果进行分析，摘除无意义资源，再将剩余的核心资源按照“已具备”和“尚欠缺”进行分类，以加强对核心资源的理解和自身资源状况的了解。若空白空间不足，请用活页。

<table>
<tr><th>核心资源</th><th colspan="3">我们拥有或仍欠缺哪些资源</th></tr>
<tr><td rowspan="8">保证一个商业模式能够顺利进行所需要的关键资源</td><td rowspan="2">实物资源</td><td>已具备</td><td></td></tr>
<tr><td>尚欠缺</td><td></td></tr>
<tr><td rowspan="2">知识性资源</td><td>已具备</td><td></td></tr>
<tr><td>尚欠缺</td><td></td></tr>
<tr><td rowspan="2">人力资源</td><td>已具备</td><td></td></tr>
<tr><td>尚欠缺</td><td></td></tr>
<tr><td rowspan="2">金融资源</td><td>已具备</td><td></td></tr>
<tr><td>尚欠缺</td><td></td></tr>
</table>

（三）核心资源的筹集方案

团队发展需要而目前尚欠缺的核心资源，需要通过什么方式去开拓？请将你的方案简要表达。若空格不足，请用活页。

二、重要伙伴分析

（一）团队需要哪些重要伙伴

请同学们以团队为单位，通过头脑风暴思考自己需要哪些重要的合作伙伴。要求总数不低于20个，若空白空间不足，请用活页。

重要伙伴	我们需要哪些重要的合作伙伴	
合作伙伴不是指创业合伙人，而是与企业对等的业务合作方	供应链上下游主体	
	非竞争关系的联盟者	
	跨行业同定位的联盟者	
	同行业竞争对手中的合作者	

（二）将潜在重要伙伴分类

请就刚才头脑风暴的结果进行分析，摘除无意义的合作伙伴，再将剩余的重要伙伴按照“已经具备”和“需要开拓”进行分类，以加强对重要伙伴的理解和自身资源状况的了解。若空白空间不足，请用活页。

重要伙伴	我们拥有或需要哪些合作伙伴	
	已经具备	需要开拓
供应链上下游主体		
非竞争关系的联盟者		
跨行业同定位的联盟者		
同行业竞争对手中的合作者		

（三）开拓目前没有形成合作的重要伙伴

团队发展需要而目前尚未构建的重要伙伴关系，需要通过什么方式去开拓？请将你的方案简要表达。若空格不足，请用活页。

三、学习分享

团队应将学习的过程和成果做成文字、图片或视频内容，分享在相应的自媒体或社群中。

请将线上分享的文件转成二维码后粘贴至空白处，文字分享可以打印后粘贴至空白处。空白部分不足，请用活页。

粘贴二维码	粘贴文字

四、模块评价

依据课程标准和教学规范，对该模块的学习与设计的过程及结果进行评价。先由学生进行自我评价，给出分数（百分制）并给出理由，教师再依据平时的观测和学生的自评给出最终分数（百分制）。该部分分数再按照课程提前设置的权重折算进课程总分。

序　号	类　别	分　数	理　由
1	自评		
2	教师评价		

模块七 成本构成与收入来源

任务一 成本构成与收入来源的内涵

成本和收入是任何企业运营都绕不开的话题。在商业模式设计中，需要学习者对成本的构成有清醒的认识，对收入来源开拓思维。

一、成本构成的内涵

企业运营必然要产生各项支出，如厂房、设备、材料、人工、办公经费、营销费用等。对成本结构的准确认知、并对不同阶段的成本预估，是开展企业运营的基础。

（一）成本的构成

企业成本的认知，可以有多种不同的方式。比如按照经济学的方法一般分为固定成本、可变成本，根据投资预算的需要可以分为固定投入、流动资金，按照财务管理的方法一般分为直接成本、管理费用、营销费用、财务费用等。在本书中，根据初创者的实际需要，希望大家按照投资概算和财务管理两种方案去认知和分析，两种方案计算的结果都对起步阶段的创业者十分有价值。前者可以简单地理解为投资预算，后者可以简单地理解为运营成本。

由于大家会习惯性地把成本构成、收入来源归结为财务知识，这里想要向学习者灌输的理念是，不需要大家进行复杂的财务预算、做复杂的财务报表。我们认为对成本、收入、现金流等财务知识的学习，尤其是财务理念的树立，可以通过企业运营中的点点滴滴来积累，这也是本书所提倡的建构主义学习观的核心。更何况，成本构成、收入来源的研究与实践，目的还在于构建出一个更加合理的商业模式。

许多创业者在进行创业项目设计或者参加创业大赛时，对财务分析的形式非常重视，这是舍本逐末了。那些看似规范但数据来源存疑的财务报表，是经不起任何推敲的。希望大家通过符合逻辑的一些概算，用以下简表进行成本构成分析。当然，鼓励大家利用互联网平台等方式加强财务知识的学习，也期待大家把学习的过程和成果在下一任务中分享给我们。

进行成本构成分析，最重要的是要为大家的投资决策作参考，也为大家在企业运营时的各项决策作参照。

（二）投资概算

成本结构分析的重要目的之一是为投资做参考。在企业设立前，需要大家就企业开办的早期（一般是1年）所需要的各项投入进行预算。

在预算时，一般把投入分为固定投入和流动资金两部分。固定投入是企业开办必须先行投入的部分，这些投资可能转换为了租金、装修、设备、交通工具等。流动资金是企业要做好准备，以备开始运营的一个阶段发放工资、采购原料、购买办公用品等的需要。

在后面的实践阶段，要求大家先确定固定投入和流动资金的构成部分，然后分别就1年为周期预算各部分所需要的资金数，并填入下表。

<table>
<tr><td>投资结构</td><td colspan="4">成本构成</td></tr>
<tr><td rowspan="10">根据投资预算的需要，可以将早期投入的成本分为固定投入和流动资金</td><td colspan="2">类　别</td><td>金　额</td><td>依　据</td></tr>
<tr><td rowspan="5">固定投入</td><td></td><td></td><td></td></tr>
<tr><td></td><td></td><td></td></tr>
<tr><td></td><td></td><td></td></tr>
<tr><td></td><td></td><td></td></tr>
<tr><td></td><td></td><td></td></tr>
<tr><td rowspan="4">流动资金</td><td></td><td></td><td></td></tr>
<tr><td></td><td></td><td></td></tr>
<tr><td></td><td></td><td></td></tr>
<tr><td></td><td></td><td></td></tr>
<tr><td colspan="3">合计</td><td></td><td></td></tr>
</table>

（三）运营成本分析

企业一旦开始运营，就要对企业的成本结构进行合理预算。只有按照审慎的原则做好了预算，才不至于企业陷入现金流危机。当然，也有利于企业做好理财，加大资金运作效率。企业运营中的成本一般包括四方面：直接成本、管理费用、营销费用和财务费用。

直接成本是“间接成本”的对称，非常容易计入相应产品或服务成本的生产耗费。即费用的发生与特定的产品或劳务存在直接关联。直接成本一般是可变成本。

管理费用一般包括管理人员工资、社保费、差旅费、办公费、折旧费、修理费、物料消耗、低值易耗品摊销及其他公司经费。这部分不容易分摊到具体的产品或服务中，但是生产和经营活动必须的费用支出。

营销费用是企业为了促进销售、增加销售收入，实施营销活动而增加的费用。不仅如此，售后服务日渐也成为商家营销方案的重要部分，很多企业越来越重视售后服务的质量，所以，企业提供售后服务的成本也不容小视，同样构成了营销费用的一部分。

财务费用是指企业为筹集生产经营所需资金等而发生的费用。具体项目有：利息净支出（利息支出减利息收入后的差额）、汇兑净损失（汇兑损失减汇兑收益的差额）、金融机构手续费以及筹集生产经营资金发生的其他费用等。

当然，以上并非规范的财务语言，我们期待的是大家通过学习后，用规范的财务语言表达出相应的概念。

在对学习者的训练中，我们要求大家分年度计算各类运营成本，并填入下表。

<table>
<tr><th colspan="2" rowspan="2">运营成本构成</th><th colspan="3">运营成本预估</th></tr>
<tr><th>第一年</th><th>第二年</th><th>第三年</th></tr>
<tr><td rowspan="4">企业运营、或为了开展企业经营产生的各项支出</td><td>直接成本</td><td></td><td></td><td></td></tr>
<tr><td>管理费用</td><td></td><td></td><td></td></tr>
<tr><td>营销费用</td><td></td><td></td><td></td></tr>
<tr><td>财务费用</td><td></td><td></td><td></td></tr>
<tr><td colspan="2">合计</td><td></td><td></td><td></td></tr>
</table>

二、收入来源的内涵

创业的触发点是因为发现了社会痛点，创业者可以通过解决社会痛点获得市场的回报。获得回报是创业者的核心动机，这个回报就是收入。合理地分析收入结构，既是完善商业模式的重要内容，也是进行项目可行性分析的关键。

（一）收入来源的一般形式

我们知道一个企业通过销售自己的商品和服务获得收入，收入的来源有两个类型：一个是一次性的收入，一个是持续性的收入。卖掉商品，然后顾客付钱，这就是一次性的收入。我们的顾客能不能持续不断地付钱，这是持续性的收入。

在商业模式设计上，企业想获得一次性的收入来源还是持续性的收入来源，这就需要认真设计。这里把企业的收入来源分为如下几种类型。

1. 资产销售

资产销售就是所谓的商品服务的销售，基本上很多就是一次性的收入来源，出售我们的所有权或者出售我们的服务，然后顾客付钱，这就是所谓的资产销售。

2. 使用费

例如，手机的流量与话费，就是在使用电信的通信技术服务于客户，每月不断地有话费的收入来源，这是一种持续性的收入来源。再比如快递，收取的快递费用也是使用费。

3. 会员费

商场、超市、美容院或者养生会所，都会让大家办会员卡。会员卡有打折有优惠，用户一次性地把一年甚至更长时间的费用直接存到会员卡中，用户就变成会员，获得某种优惠，这是预期性的一种收入，也是持续性的一种收入。

4. 租赁费

租车就是一种租赁费，按照时间、天数、里程来获得这辆车的租赁费用，这也是一种收入来源。

5. 许可使用费

连锁加盟的商标权、品牌使用权，这都是允许加盟商交钱使用的专利商标，这就是专用许可权。

6. 佣金

房产中介或者其他中介的经纪人，他们的佣金就是这样的收入来源。很多行业都有所谓的中介机构，他们获得的就是所谓的经纪人佣金，如链家、我爱我家等。

7. 广告费

广告也是一个重要的收入来源，当下很多互联网公司，他们的平台本身都是可以免费使用的，很多都是依靠广告费在获得巨大的收入。如优酷、爱奇艺等影视网站，广告费就是他们的核心业务收入来源。

（二）收入来源分析

在引导学习者进行收入来源分析时，我们并不需要大家将收入来源分得这么细致——这也并不符合绝大多数实际情况。同时，希望引导大家关注自己企业的核心产品和关键收入。专注能够让创业者走得更远，也学得更多。

当然，希望大家对自己团队的潜在收入来源做一些头脑风暴，以更加清晰地了解企业的发展路径。在此基础上，要求大家就每一类收入来源分别预测1～3年的收入金额，并填入下表。

收益来源		收益预估		
		第一年	第二年	第三年
产品销售				
其他收入				
合计				

任务二　成本构成与收入来源的分析

一、成本构成分析

（一）投资概算

1. 确定固定投入和流动资金的构成

请同学们以团队为单位，通过头脑风暴，用以下画布来分析企业投资的构成。要求总数不低于20个，若空白空间不足，请用活页。

成本构成	
固定投入	
流动资金	

2．计算各类成本

请大家将头脑风暴的结果经过认真鉴别后，写入相应的类别，并分别以1年为周期预算各类成本所需要的资金数，并填入下表。若空白空间不足，请用活页。

<table>
<tr><td>投资结构</td><td colspan="4">成本构成</td></tr>
<tr><td rowspan="10">根据投资预算的需要，可以将早期投入的成本分为固定投入和流动资金</td><td colspan="2">类　别</td><td>金　额</td><td>依　据</td></tr>
<tr><td rowspan="5">固定投入</td><td></td><td></td><td></td></tr>
<tr><td></td><td></td><td></td></tr>
<tr><td></td><td></td><td></td></tr>
<tr><td></td><td></td><td></td></tr>
<tr><td></td><td></td><td></td></tr>
<tr><td rowspan="4">流动资金</td><td></td><td></td><td></td></tr>
<tr><td></td><td></td><td></td></tr>
<tr><td></td><td></td><td></td></tr>
<tr><td></td><td></td><td></td></tr>
<tr><td colspan="3">合计</td><td></td><td></td></tr>
</table>

（二）运营成本

1. 确定运营成本的构成

请同学们以团队为单位，通过头脑风暴，用以下画布来分析企业运营成本的构成。要求总数不低于20个，若空白空间不足，请用活页。

成本构成	
直接成本	
管理费用	
营销费用	
财务费用	

2. 计算运营成本

请大家将头脑风暴的结果经过认真鉴别后，并分别计算1～3年中的各类成本并按照四个类别归集，将所有成本概算填入下表。若空白空间不足，请用活页。

运营成本构成		运营成本预估		
		第一年	第二年	第三年
企业运营、或为了开展企业经营产生的各项支出	直接成本			
	管理费用			
	营销费用			
	财务费用			
合计				

（三）成本策略

根据团队发展需要，简要拟定自己的成本策略，要求提纲挈领。若空行不足，请用活页。

二、收入来源分析

1. 确定潜在收入类别

请同学们以团队为单位，通过头脑风暴，用以下画布来分析企业潜在收入来源，若空白空间不足，请用活页。

收入来源	
产品销售	
其他收入	

2. 计算未来三年的收入

请大家将头脑风暴的结果经过认真鉴别后，并分别计算1～3年中的各类收入，将每年度的收入数额填入下表，空白列写入相关的产品名称或收入项目。若空白空间不足，请用活页。

收益来源		收益预估		
		第一年	第二年	第三年
产品销售				
其他收入				
合计				

3．收入策略

根据团队发展需要，简要拟定自己的收入策略，要求提纲挈领。若空行不足，请用活页。

三、学习分享

团队应将学习的过程和成果做成文字、图片或视频内容，分享在相应的自媒体或社群中。

请将线上分享的文件转成二维码后粘贴至空白处，文字分享可以打印后粘贴至空白处。空白部分不足，请用活页。

粘贴二维码	粘贴文字

四、模块评价

依据课程标准和教学规范，对该模块的学习与设计的过程及结果进行评价。先由学生进行自我评价，给出分数（百分制）并给出理由，教师再依据平时的观测和学生的自评给出最终分数（百分制）。该部分分数再按照课程提前设置的权重折算进课程总分。

序　号	类　别	分　数	理　由
1	自评		
2	导师评价		

模块八 商业模式画布的内涵及应用

任务一　商业模式画布的内涵

前面七个模块的分析，基本上揭示了一个企业商业模式的全部内容。只要你认真完成了阅读，进行了每一个模块的实践，那么恭喜你，你对创业的认知、企业的认知都已经具备了自己的方法论。你在分析和把握一个企业的商业模式时，已经比别人有了更加全面的视野和精准的着眼点。

以上八大模块的内容，完整地介绍了商业模式画布的9大构造。依据建构主义的教育理论，你的知识和能力体系并不来自于他人的灌输，而是来自于你自己的实践和认知。因此在介绍完九大构造之后，再来通过实践掌握商业模式画布，进而对商业模式有更加清楚的了解。

一、商业模式画布的概念和作用

商业模式是一个企业得以运转的底层逻辑和商业基础，如果没有弄清楚一个企业的商业模式，就开始运作一个企业，那就是无本之木，无源之水。完善的商业模式可以让一个企业更加科学合理，有的放矢地去运营。

那么，一个成功的商业模式，都包括哪些要素呢？商业模式设计的流程又是怎样的？这就要讲到设计商业模式的一个思维管理工具——商业模式画布。

商业模式画布是通过一套严谨务实的系统化分析流程和工程化设计步骤，来确保最终设计方案的科学性和有效性。是通过科学的工具和正确的方法进行分析和拆解，进行多次整合优化后才得出的结果。

商业模式画布能够帮助创业者理清创业思路，不胡乱猜测，降低项目风险，确保创业者找到真正的目标用户群体，进而合理地解决问题的一种思维工具。

商业模式画布能够帮助团队催生创意、降低猜测、确保他们找对了目标用户、合理解决问题，能够使得商业模式可视化，使用统一的语言讨论不同商业领域。

商业模式画布不仅能够提供更多灵活多变的计划，而且更容易满足用户的需求。更重要的是，它可以将商业模式中的元素标准化，并强调元素间的相互作用。具体来讲，包括如下9个模块。

商业模式画布的9个构造块		
VP 价值主张	KA 关键业务	KP 合作伙伴
CR 客户关系	KR 核心资源	CS 客户细分
C$ 成本结构	CH 渠道通路	R$ 收入来源

二、商业模式画布构造间的关系

商业模式画布的应用，目的在于引导使用者思考9个方面的问题：

谁是你的用户？你的用户有什么特点？

你可以为你的用户提供什么样的产品和服务？

你通过什么渠道与你的客户接触？

你与你的客户将建立一种什么样的关系？

这套商业模式可以有哪些收入来源？

你已经具有或者需要掌握怎样的核心资源？

你需要开展哪些核心活动？

你需要有哪些重要的合作伙伴？

这套商业模式在哪些地方花钱？成本结构是怎样的？

这九个问题，构成了商业模式画布的九大构造。因为商业模式反映的是一个企业的整体商业逻辑，那么这九大模块之间也是相辅相成，互为支撑。

三、撰写商业画布时应把握的原则

1．准备资料

在制定自己的商业模式时，搜集资料是必经的一个环节，在搜集资料的过程中，应该尽量详尽，不要漏掉看似很微小的信息，因为很多巨大的商业机会可能就潜藏在看似很小的信息下面。

2．跳出思维定式

在现今的互联网时代，很多独角兽公司之所以发展迅猛，甚至跨界经营，就是因为创造出了不同以往的商业模式，而这种创新的商业模式之所以会诞生，就是抛开了以往任何固有的观念和逻辑，去掉了习惯思维的枷锁和束缚之后创造出来的，所以要想创造出创新的商业模式，抛开束缚，大胆想象是一个基本的前提。

3．不轻易否定

任何一个创新的概念和想法都不要被轻易否定，运作最小试错原理，小步快跑，用最小的成本换取可行性，创业公司规模小且灵活是运用这个方法的最好时期，很多商业模式不是画出来的，是试出来的。

只有真正走一遍流程，才能知道现实中是否可行，所以不要轻易否定和放弃看似不乐观的创意，现实才是检验真理的唯一标准。

四、本模块的基本任务

1．完成项目的商业模式画布

在实践环节，我们引导学习者将前7个模块中分析的结果输入商业模式画布，并要求大家用一段话表达出企业的商业模式。

2．用商业模式画布分析商业模式

为了强化商业模式工具的认知和应用，要求学习者用商业模式画布分析三个以上知名企业的商业模式，并用语言表达出相应企业的商业模式。

任务二　商业模式画布的应用

一、完成项目的商业模式画布

1．画布填充

在前面的7个模块中，我们分别就商业模式的9个部分进行了分析。现在，请大家将每个模块的成果进一步精练，并填入商业模式画布中。

<table>
<tr><td rowspan="2">重要伙伴</td><td>关键业务</td><td rowspan="2">价值主张</td><td>客户关系</td><td rowspan="2">客户细分</td></tr>
<tr><td>核心资源</td><td>渠道通路</td></tr>
<tr><td colspan="3">成本结构</td><td colspan="2">收入来源</td></tr>
</table>

2. 商业模式表达

经过多个模块的学习和多次头脑风暴的洗礼，我们企业的商业模式是这样的：____

二、用商业模式画布分析三个以上知名企业的商业模式

选择你感兴趣的三个以上的知名企业，分别用商业模式画布描绘出其商业模式的关键环节，并提炼出该企业的商业模式。

（一）______________（公司名）商业模式分析

1. 画布填充

______________（公司名）的商业模式画布

<table>
<tr><td rowspan="2">重要伙伴</td><td>关键业务</td><td rowspan="2">价值主张</td><td>客户关系</td><td rowspan="2">客户细分</td></tr>
<tr><td>核心资源</td><td>渠道通路</td></tr>
<tr><td colspan="2">成本结构</td><td colspan="3">收入来源</td></tr>
</table>

2. 商业模式表达

经过认真分析和头脑风暴，我们认为该企业的商业模式是这样的：__________

____

____

____

____

____

____

____

____

____

____

____

____

____

（二）________（公司名）商业模式分析

1. 画布填充

________（公司名）的商业模式画布

重要伙伴	关键业务	价值主张	客户关系	客户细分
	核心资源		渠道通路	
成本结构		收入来源		

2. 商业模式表达

经过认真分析和头脑风暴，我们认为该企业的商业模式是这样的：________

（三）______________（公司名）商业模式分析

1. 画布填充

______________（公司名）的商业模式画布

<table>
<tr><td rowspan="2">重要伙伴</td><td>关键业务</td><td rowspan="2">价值主张</td><td>客户关系</td><td rowspan="2">客户细分</td></tr>
<tr><td>核心资源</td><td>渠道通路</td></tr>
<tr><td colspan="2">成本结构</td><td colspan="3">收入来源</td></tr>
</table>

2. 商业模式表达

经过认真分析和头脑风暴，我们认为该企业的商业模式是这样的：__________

____

____

____

____

____

____

____

____

____

三、学习分享

团队应将学习的过程和成果做成文字、图片或视频内容，分享在相应的自媒体或社群中。

请将线上分享的文件转成二维码后粘贴至空白处，文字分享可以打印后粘贴至空白处。空白部分不足，请用活页。

粘贴二维码	粘贴文字

四、模块评价

依据课程标准和教学规范，对该模块的学习与设计的过程及结果进行评价。先由学生进行自我评价，给出分数（百分制）并给出理由，教师再依据平时的观测和学生的自评给出最终分数（百分制）。该部分分数再按照课程提前设置的权重折算进课程总分。

序　　号	类　　别	分　　数	理　　由
1	自评		
2	教师评价		

模块九 成果与分享

任务一 成 果

一、概念赋予

在这一部分，请你就这门课程应该学会的知识提供你自己的见解。要像“做学问”那样，见解尽量严谨。并期待你把这种学习方法保持下去，开启精彩的职业生涯。

1. 商业模式

商业模式是指____

____

我是经由如下过程，得出该概念的：________________________________

____

____

2. 商业模式画布

商业模式画布是____

____

____

我是经由如下过程，得出该概念的：________________________________

____

____

3. 价值主张

价值主张是指____

____

____

价值主张与痛点的关系是：＿＿＿＿＿＿＿＿＿＿＿＿＿＿＿＿＿＿＿＿＿＿＿

二、工具收获

1. 商业模式画布

我对商业模式画布的理解是这样的：＿＿＿＿＿＿＿＿＿＿＿＿＿＿＿＿＿＿＿＿

商业模式画布对我以后的学习、工作和人生，将会产生这样的价值：＿＿＿＿

2. 用户标签

我对用户标签的理解是这样的：＿＿＿＿＿＿＿＿＿＿＿＿＿＿＿＿＿＿＿＿＿＿

用户标签对我以后的学习、工作和人生，将会产生这样的价值：＿＿＿＿＿＿

三、学习方法

通过这门课，我学到了这样一些学习方法：＿＿＿＿＿＿＿＿＿＿＿＿＿＿＿＿

这些学习方法对我以后的学习、工作和人生，将会产生这样的价值：＿＿＿＿

四、书籍阅读及推荐

请记录本学期与该门课程有关的、值得推荐的阅读记录，写出推荐理由。请用活页补足你想分享的阅读。

当然，你也可以分享你阅读的行业报告、论文、技术方案等，也请你自己设计形式，用活页补足分享的内容。

1.____（书名）

封面照片	书名：
	作者: 译者（可选）:
	出版社:
	出版时间:
	ISBN:
	推荐理由：

2.____（书名）

封面照片	书名：
	作者: 译者（可选）:
	出版社:
	出版时间:
	ISBN:
	推荐理由：

任务二　分享与评价

一、分享

1. 分享明细

请将本学期与本课程有关的分享内容进行统计，并将相关信息填入下表。下表表达不足部分，请用活页补入。

本学期分享明细表

序号	分享类别	计量（次、篇、个）	总量（时长、字数）	阅读数	点赞数	转发数
1	社群文字					
2	微信公众号					
3	抖音					
4	视频号					
5	微博					
6	小红书					

2. 典型分享

请将本学期的典型分享选择8个，选择的类型应至少包括文字、图片、视频三种。请将线上分享的文件转成二维码后粘贴至空白处，文字分享可以用活页增添进来。

粘贴二维码	粘贴文字

二、自媒体二维码

请将自己和团队的自媒体的二维码贴至下表。

粘贴二维码	粘贴文字

三、大事记

记录下学习的关键节点，将有助于我们内化所学知识。因此，在本部分，请大家将本学期与本课程学习有关的关键行为、事件计入空白处。空白处不足，请用活页补足。

大事记01＿＿＿＿＿＿＿＿＿＿＿＿＿＿＿＿＿＿＿＿

时间：＿＿＿＿＿＿＿＿＿＿地点：＿＿＿＿＿＿＿＿

内容＿＿＿＿＿＿＿＿＿＿＿＿＿＿＿＿＿＿＿＿＿＿

＿＿＿＿＿＿＿＿＿＿＿＿＿＿＿＿＿＿＿＿＿＿＿＿

＿＿＿＿＿＿＿＿＿＿＿＿＿＿＿＿＿＿＿＿＿＿＿＿

大事记02＿＿＿＿＿＿＿＿＿＿＿＿＿＿＿＿＿＿＿＿

时间：＿＿＿＿＿＿＿＿＿＿地点：＿＿＿＿＿＿＿＿

内容＿＿＿＿＿＿＿＿＿＿＿＿＿＿＿＿＿＿＿＿＿＿

＿＿＿＿＿＿＿＿＿＿＿＿＿＿＿＿＿＿＿＿＿＿＿＿

＿＿＿＿＿＿＿＿＿＿＿＿＿＿＿＿＿＿＿＿＿＿＿＿

大事记03＿＿＿＿＿＿＿＿＿＿＿＿＿＿＿＿＿＿＿＿

时间：＿＿＿＿＿＿＿＿＿＿地点：＿＿＿＿＿＿＿＿

内容＿＿＿＿＿＿＿＿＿＿＿＿＿＿＿＿＿＿＿＿＿＿

＿＿＿＿＿＿＿＿＿＿＿＿＿＿＿＿＿＿＿＿＿＿＿＿

＿＿＿＿＿＿＿＿＿＿＿＿＿＿＿＿＿＿＿＿＿＿＿＿

大事记04____

时间：____________________ 地点：______________

内容____

____

____

大事记05____

时间：____________________ 地点：______________

内容____

____

____

四、模块评价

依据课程标准和教学规范，对分享行为进行评价。先由学生进行自我评价，给出分数（百分制）并给出理由，教师再依据平时的观测和学生的自评给出最终分数（百分制）。该部分分数再按照课程提前设置的权重折算进课程总分。

序　号	类　别	分　数	理　由
1	自评		
2	教师评价		

评　　价

结合每个模块的分数，请同学们对学习过程进行自我评价，在表格中填入相应的分数。教师根据学习表现和自评、团队评分，给出最终成绩。

中小企业商业模式设计目标评价表

序号	维度及权重	权重/%	学生自评得分	团队评价得分	教师总评得分
1	阅读	10			
2	价值主张	10			
3	关键业务	10			
4	客户细分与客户关系	10			
5	渠道通路	10			
6	核心资源与重要伙伴	10			
7	成本构成与收入来源	20			
8	商业模式画布的应用	10			
9	分享	10			
总分					